全然慈悲這樣的我

透過「認出」「容許」「觀察」「愛的滋養」四步驟練習，脫離自我否定的各種內心戲

Radical Compassion

Learning to Love Yourself and Your World with the Practice of RAIN

TARA BRACH
塔拉・布萊克——著

江涵芠——譯

僅將本書獻給米雅，以及我們所有人的子子孫孫，

祈願你們純潔光明的心為這個世界帶來療癒。

我用生命拓展許多心的圈圈，
讓這些圈圈碰觸到全世界；
或許，我無法圓滿最後一個圈，
然而，我盡力而為。

——萊納．瑪利亞．里爾克（Rainer Maria Rilke）❶

全書皆為譯者註：

❶ 萊納．瑪利亞．里爾克，西元一八七五年十二月四日至一九二六年十二月二十九日，是重要的德語詩人，也創作小說、劇本等，對十九世紀末的詩歌體裁和風格及歐洲頹廢派文學都有深遠的影響。

目錄

導引式思惟、禪修與提醒

序言：愛自己才能療癒

多年前我讀到一篇文章，作者是陪伴過幾千人度過生命最後幾週的臨終關懷師，其中一段話深深烙印在我心上。關懷師聆聽過無數彌留者最後一刻的想法，以一句話總結了他們最深切的遺憾：「眞希望當初有勇氣活出忠於自己的生命。」

於是我開始問自己這些問題：所謂活出忠於自己的生命，是什麼意思？你覺得自己的生活眞有跟著心的感覺走嗎？你今天或現在活得忠於自己嗎？幾個月後，我開始拿這些問題去問我的禪修學生。

我發現，彌留者的這份悔恨得到許多人的共鳴。學生們告訴我，所謂忠於自己，對他們而言意味著帶著愛去生活、活在當下、眞誠待人；他們也說到應保持眞摯誠實、服務他人、服務世界，說到應盡情表現自己的創造力、相信自己的價值、做自己愛做的事，並且擁有力量超越自己的不安全感，去和糟糕的人際關係和解。

他們也說，自己幾乎每天都會忘失這些願望和心意，反而困在慣性反應中——自我批判、怨天尤人、自憐自艾、自私自利，活在恍如自動駕駛的模式中。有個學生說：「在可能達成的目標和實際生活之間，每天都像是隔著一道鴻溝；這讓我的潛意識老覺得自己活得很失敗。」

我也深諳這種挫敗感。許多年的歲月中，我苦陷缺乏自我價值的感受，這總讓我覺得自己不是合格的好朋友、好女兒、好伴侶和好家長，也火上加油地讓我懷疑起自己身爲心理治療師和禪修老師的能力；而當我遭遇重病折磨時，又引發了自我責備：「我怎麼可以讓自己病得這麼重？」

然而，這股自我價值感低落和自我分離的痛苦感受，也成了覺醒的沃土，它引領我踏上這條我萬千珍愛的心靈修道，接觸到各種修持；當我深陷悲苦的情緒中，它也帶著我一再地得到領悟，這洞見全然改變了我的生命——**我必須愛自己才能療癒**。唯一能帶我回到「家」的道路，就是這條自我慈悲之道。

就算我陷入怒火中、害怕搞砸重要的事、覺得自我懷疑或芳心寂寥，也沒有關係；就算我再度遭遇肢體不便和健康的損害，也沒有關係；因爲療癒之藥始終帶著關愛、慈悲、寬容的滋味。

就某種層面而言，我是在對自己說：「拜託，對自己好一點。」而這個轉向愛的當下就開啓了一道門，讓我們得以活出忠於自己的生命。

「全然的慈悲」（Radical compassion）意味著擁抱人生的脆弱，將所有生命的脆弱都擁入懷中；它也意味著勇敢去愛自己、愛彼此、愛世界。全然的慈悲根源於正念覺察而體現的當下存在，透過擁抱一切生命體的關愛之心，被鮮明地表達出來。

我很喜歡的一個圖像中，描繪了正念和慈悲在覺醒境界融爲一體：覺性是有著雙翼的鳥，鳥兒雙翼完全打開而展現牠的美麗時，即能展翅高飛、自由遨翔。

爲了分享達到全然慈悲的技巧，我開始著手撰寫這本書，這個練習可以在我們最需要的時候，讓正念和慈悲振翅高飛；這能幫助我們療癒傷痛，放下對傷痛的執念和情緒，這些都是讓我們無法忠於自我的障礙。這個練習的英文字首縮寫是 **RAIN**，也就是以下四個步驟：認出（Recognize）、容許（Allow）、觀察（Investigate）和愛的滋養（Nurture），這四步驟的練習讓我得以通過可靠有效的方式，即刻從煩惱情緒淹沒的痛苦中解脫而得到療癒，同樣地，它也會帶給你這樣的益處。

隨後你將看到這些步驟有多麼輕易可學。當你面對壓力、恐懼、情緒激動和迷惘的時刻，這四個步驟會是你的救生索。如果一而再、再而三重複練習這四個步驟，你的內在便愈來愈能依賴和相信自己的覺醒心、智慧心，幫助你以忠於自己的眞諦力、深度和精神，對生命做出適當的回應。

我並非使用 RAIN 這排縮寫字母詞彙的鼻祖；有些讀者應該已經知道，這是資深佛法老師蜜雪兒．麥當勞（Michele McDonald）在一九八〇年代，首次引見給大眾的禪修引導術語，自此之後，即被許多教授正念的老師以不同的方式引用至今。過去十五年中，我自己的 RAIN 法門有了一些演化，我加上了「愛的滋養」的步驟，直接喚醒對自我的慈悲；透過這個關鍵的著重點，RAIN 開展出正念和慈悲的同步力，這是覺性的雙翼。截至目前爲止，我已將這個演化版的方法分享給數以千計的人們，好評迴響不斷，人們從世界各地捎來回饋，說 RAIN 直接在萬般糾纏的日常生活中，挹注了更多覺察和關愛之心，讓他們更有能力與周遭的人親密相處，讓他們從自己的上癮行爲中解放出來，世間工作更顯得力，這也支持他們度過許多危機時刻。他們告訴我，自己終於能夠以慈悲心擁抱自己，將這份慈悲延伸到他人身上；也有人說，他們體會到這個內在自由解脫、意會到超越自我戲碼的原我的大禮。

本書將幫助你培養全然慈悲的能力，通過交織的故事、直接教導、導引式禪修和許多自我反思的機會，你將學會如何運用 RAIN；你也將看到現代神經科學如何旁徵博引地說明 RAIN

既深奧又歷久不衰的影響力。書中也分享了我針對學生提問所做的釋疑，以及學生們調整自我修持時發現的富創造力的方式。在踏上這趟旅程之前，讓我們先做一點簡單的前導說明：

第一篇是 RAIN 詳細步驟的概觀總覽。透過各種例子協助讀者立即開始運用這些步驟。即使只是短短幾分鐘，也能打斷我稱爲「活在渾然不覺中」的精神斷層，讓我們更能當下覺察自己與他人、與自他同在。透過 RAIN，我們也能開始突破自己拒絕面對生命的不同狀態，得以瞥見自己覺醒心的眞正潛力。

第二篇將引導讀者把 RAIN 轉化到內在生命中。我和學生合作，利用各種情境來說明和描述如何精鍊和應用四步驟，將其廣泛運用在極具挑戰性的各種困境中，從羞愧到解除恐懼、乃至發現自己最深的憧憬和渴望。這部分也會提供一些技巧，補充和增強你的內在力量。

第三篇讓這趟旅程進入人際關係的風景。這些章節中的練習包含喚醒寬恕心的能力，幫助讀者參透「假他」的面具，得以睿智地駕馭在衝突、隱性偏見和彼此的差異之上。假以時日，你日漸深化的正念覺察力和仁慈之心，將能夠包容自己所思考的一切，擁抱所觸及的一切生命；你將領會到全然慈悲的福氣、體會到毫無保留的愛之祝福。

我有幸見證無數人透過 RAIN 所培養的全然慈悲療癒了自己；這個方法讓我們愈來愈信賴自己的根本良善，由此延伸其觸角，也幫助我們認出並信賴其他眾生心中擁有的相同光華，這樣的見證一而再、再而三令我驚奇不已。看到這麼多學生、朋友、家人找到這個心房開敞的覺性、生命的尊嚴，這也滋養了我對生命潛力的信心。

這也讓我對世界懷抱了更多希望。從進化過程的觀點來看，人類的腦部發展其實和自覺、理智思考、同理心、慈悲心與正念覺察的成長能力息息相關。無庸置疑地，人類的恐懼和執著結合著認知能力，讓我們成了地球上最危險的生物，危害著自己也危害著其他物種；但幸好人類的進化過程尚未結束，我們擁有喚醒內在正念和慈悲心的工具，能引導自己更明智、仁慈地對待他人。

你喚醒自心的努力也是療癒這個珍貴世界的重要元素。全球性苦難的現象諸如暴力、對少數族群的欺壓及僧多粥少卻毫無饜足的資源消耗，在在威脅著地球，這些現象全都源自於恐懼，根植於分離感和排他感之中。全然的慈悲展現了相互依存和彼此歸屬的眞諦，如此，忠於自我的生命得以變得健全完滿——變成忠於集體性的療癒和解脫之道，變成忠於全體對祥和、充滿愛的世界的渴望。

別忘記我們同在這趟覺醒的旅程上，要相信我們同在一起，祈願你通過這條道途，找到真實的快樂和自由解脫。

獻上關愛的祝福，

塔拉

【第一篇】

專注力的療癒能力

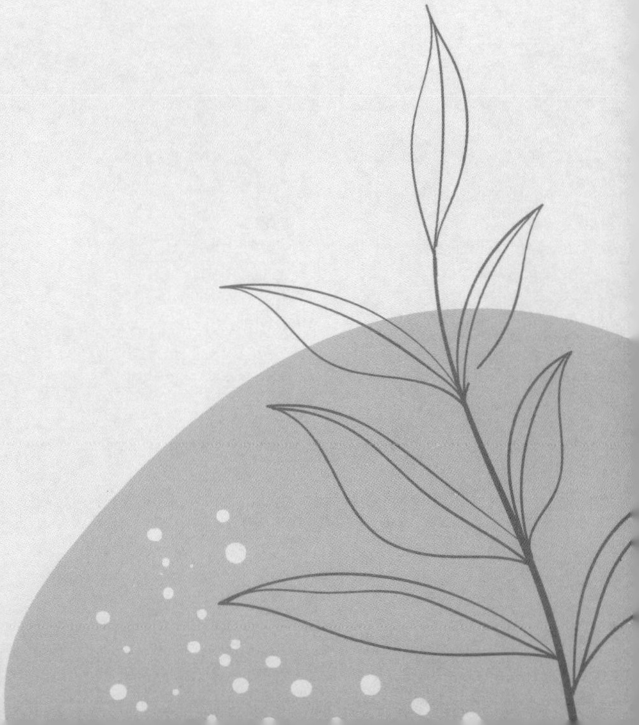

1

RAIN 整出一片空田

無須拯救全世界，或著意於豐功偉業，

只須在自己的生命叢林中，整出一片空田。

——瑪莎・波斯洛威特（Martha Postlewaite）

我們都有迷失在生命叢林中的經驗，捲入不斷的擔憂與計畫、糾纏在他人的評斷中、汲汲營營於達成自他的各種要求、必須解決接踵而來的麻煩問題。當我們困頓在旁枝末節的雜林之中，很容易見樹不見林，忘了眞正重要的事；我們忘了自己曾經憧憬要保持仁慈開放的心胸，忘了連結著自己和神聖地球的臍帶，忘了自己與一切生物之間相依的羈絆，甚至，我們也忘了內心深處自我的本來面目。

這個忘失就是「活得渾然不覺」的一部分，就像做夢，局部的無意識和整個實相疏離了。陷入這種渾然不覺時，我們的心變得狹隘、執著，也常被萬千念頭淹沒；我們也容易被激怒、感到焦慮或麻木不仁。然而，一旦認出了渾然不覺的徵兆，你就會開始看到它無處不在，在自己身上看得到，在他人身上也看得到。當你過著像是自動駕駛機制的生活；當你築起一道高牆，把自己和他人隔開；當你困頓在恐懼、憤怒、受害情緒和匱乏感裡，就是陷入了渾然不覺之中。

慶幸的是，我們都有能力讓自己從中解脫。

當我們迷失在叢林中，可以試著整出一片空田——只需要暫停一下，轉離喧囂的念頭，就能夠覺知到當下剎那接著剎那的經驗。我把這個醒覺的當前覺性稱爲「活在當下的覺知」或

「與當下同在」，這也是所謂的心、靈、佛性、眞實本性、正覺之心等很多的同義詞。當我們重新接軌這個「與當下同在的覺知」時，就能夠敞開心胸接受自己內心的一切——無論是知覺、感受或念頭的驛動之流，而毫不抗拒；這能讓我們以清明和慈悲的心品嘗生命的每一刻。從迷失在無意識和情緒性反應中，乃至跳脫出來，棲居在全然的「活在當下的覺知」中，這就是從渾然不覺之中覺醒了。

我們一同踏上這趟旅程，RAIN 的四個步驟：認出、容許、觀察和愛的滋養，將成爲我們達到「活在當下」的有力工具；我們就此啓程，讓 RAIN 喚醒正念與慈悲；將其運用在困頓之處，解鎖情緒之苦。基礎方法很容易學習，馬上即可開始運用這些步驟。RAIN 能在濃密的叢林中整出一片空田，在這片空田之中，我們將找到完整的心靈。

本章中，我將概略說明 RAIN 的每一個步驟，提供一張簡易的練習表，就像暖身操一樣，讓讀者能夠運用在日常生活中。不過，我想先從某個下午，當我亟需 RAIN 的故事開始說起。

「沒時間了！」

我的茂密森林中，不斷在耳後迴響的咒語就是「沒時間了！」，我知道自己並非唯一有這種感受的人，許多人匆匆忙忙度過每一天，焦急完成代辦事項，隨之而來的就是困頓感、對中斷任務的事物感到不耐煩，並且擔憂接下來未知的一切。

我的焦慮感通常在爲課程備課時升到最高點。記得某年的某個下午，我正處於所謂「最後一分鐘焦躁模式」，爲了當晚要講授慈心的主題，我暴躁地在雜亂無章的電子檔案中尋找教材；我的心就像這些檔案一樣亂七八糟、糊塗混亂。搬來與我和丈夫同住的八十三歲老母親，這時突然踱入書房中，開始滔滔不絕說她有多麼喜歡《紐約客》雜誌的一篇文章，但抬頭一看到我眼神死盯著電腦螢幕（可能還眉頭深鎖），她靜靜把雜誌擱在我的案頭，隨即離開。我轉頭看著她離去，心頭一驚；之前母親時不時會來書房串門子，現在，我震驚地發現自己失去了許多與她親密相伴的時光。然後我更震驚地發現，我漠視自己的母親，卻急就章地想要構思以「愛」爲主題的內容。

這並非我第一次矛盾地忘失自己的人生要事。母親搬來與我們同住的第一年，我不斷覺得自己的時間因額外需求而受到壓縮；一同晚餐時，我老是在找機會趁對話空檔趕緊離席，回到工作中。

與母親一起外出處理事情或帶她就醫時，我卻掛心想著如何趕緊把事情處理完，而不是享受她在我身邊的時光。我們在一起的時光常常變成一種義務——她很寂寞，而我是她身邊僅有的陪伴。她從未說什麼讓我感到罪惡，反而總是感激我能提供的一切，這讓我感到很內疚；然後，終於放慢腳步時，我也覺得悲傷極了。

那天下午，在書房，我決定放下手邊所有的事，召喚 RAIN 幫助我面對「我必須準備萬全」的焦慮。我離開書桌，在一張舒服的椅子上坐下來，花點時間把心靜下來，再開始 RAIN 的步驟。

步驟一很簡單，就只是「認出」心中正在經歷什麼——當時覺得自己在焦慮的念頭和內疚的感受之中不斷徘徊。

步驟二就是「容許」，透過呼吸，不干涉正在發生的一切，即使不喜歡當時的感受，但我也不打算執著或改變什麼，重要的是，也不批判自己的焦慮或罪惡感。

容許感受的發生，讓我的注意力更加集中和深刻，以便開始第三步驟：「觀察」最難受的感覺。這時，我感興趣地把注意力轉向身體的焦慮感——心間的生理性緊繃、拉扯和壓力。我問自己焦慮的心在想什麼，答案再熟悉不過了：它認爲我就要失敗了。若不是因爲我已經領受過許多教導，聽過很多故事，這種情況下我大概會表現不佳，讓大家失望；但那份焦慮感也讓我忽略了母親，所以我的確也讓所愛的人失望了。隨著愈來愈意識到這些罪惡感和恐懼的拉扯，我持續觀察，觸碰內心那份撕裂感和焦慮，我問自己：「你現在最需要什麼？」

我立即感覺到自己需要關懷，以及一種確信自己怎麼也不會失敗的保證，我需要相信自己所受到的教導會給我愛的滋養，需要相信流動在母親和我之間的那份愛。

接著我進行 RAIN 的第四步驟：「愛的滋養」。我向內心傳送訊息，直接傳遞給心中焦慮的那部分：「親愛的，沒關係，你會沒事的。我們之前經歷過很多次了，試著勇敢面對吧。」我感受到一股舒適的暖流蕩漾全身，此時出現了分分明明的轉變——我的心柔軟些了，肩膀放鬆了，心神也感到較為清明且敞開。

我繼續靜坐一、二分鐘，讓自己安歇在這塊淨空之地，而不是匆匆忙忙跳回工作中。

僅僅是幾分鐘的 RAIN 暫停，感受卻大大不同。再回到書桌工作時，我已經不再困頓於擔憂什麼麻煩就在轉角處的內心戲碼中；現在我不再因焦躁而緊繃，思緒和文思開始行雲流水，也想起了合適的故事，可以完美呈現我的授課內容。暫停手邊的一切，練習 RAIN，令我得以重新契入清明和寬坦的心，而這正是當晚我計畫演講的主題。當天午後，母親和我手牽手，開開心心到林子裡悠閒散步一小會兒。

從那時開始，我做了無數個短版的 **RAIN** 來處理焦慮感。我仍舊會焦慮，但某種根源性的狀態已經改變，焦慮感不再有主導權，我不再迷失於渾然不覺的稠密森林中；取而代之的是，當我停頓下來，把注意力從急於完成工作的那齣內心戲碼轉移到身心的實際感受上，某種即時的轉變就增強了與當下同在的覺知感和仁慈之心。通常我會繼續工作，但有時我也會決定換檔，到戶外和我的狗狗玩耍、泡泡茶或給我的花花草草澆個水。我的選擇變多了。

踏出渾然不覺——掉頭迴轉（U-Turn）

處於倉促日常的渾然不覺時，我通常迷失在妄念紛飛裡，不僅和身體失去了聯繫，也和心遙遙相望，互不相干。但透過「掉頭迴轉」注意力的方式，**RAIN** 提供了脫離渾然不覺的方法。

所謂「掉頭迴轉」，就是把我們對外境的執著轉回身體真實、活生生的感受上；所謂的外境即是與發生的事相關的某個人、想法念頭或情緒化戲碼。掉頭迴轉有點像是死盯著電影螢幕，沉浸在恐怖的情節之際，突然驚醒——**喔，這不過是一場電影！我正在和幾百人一起觀賞這部電影，我可以感覺到身下的座位，感受到自己的呼吸**。此時此際我們又回到現實，察覺自己與當下同在的覺知感，回到現實生活中。

唯有刻意將注意力轉向內在體驗，我們方得斷離渾然不覺，走向真正的療癒。我們必須去察覺惡性循環的焦躁心念、肩膀的慣性緊繃、急急忙忙必須完成什麼的壓力，然後才能夠開始脫離各種內心戲——怨天尤人、自覺不足、未來的困境等，真正直接感受自己的恐懼、傷痕、脆弱，最後，方能觸及心中那塊柔軟的覺醒之地。這個至關重要的轉變，必須透過 **RAIN** 的步驟方能逐步展開；但關鍵在於得先意識到自己就活在渾然不覺當中！

渾然不覺或活在當下？

在教授與覺性有關的主題時，我經常引用約瑟夫．坎伯（Joseph Campbell）創造的意象：一條直線貫穿一個圓圈。這條覺性線以上代表我們意識到的部分，覺性線以下則是沒有意識到的部分，也就是蘊藏著恐懼、瞋恨、條件限制和各種信念或價值觀的隱藏世界，這條覺性線以下的生活，就是渾然不覺。

處於渾然不覺中就如同身處夢境一般，我們對於更廣大的

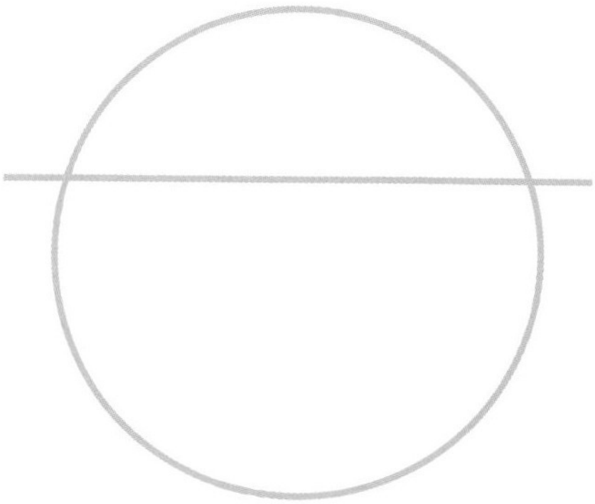

現實世界毫無察覺；而從迷惑中覺醒就好像大夢初醒一般，我們變得能自我覺察，直接體驗著自己的內在生命，體驗著自己所歸屬的世界，以及覺性界域本身。活在這條覺性線之上，就是活在當下。

所謂的「當下」具備三種特質：醒覺（wakefulness）、寬坦（openness）、柔軟（tenderness）或有愛。許多靈性修持傳統都形容這個當下是「寬廣的朗朗晴空」。處於完全的當下時，猶如晴空一般光燦無垠，讓生命得到暖意和愛的滋養；無論快樂、憂傷、恐懼、興奮、悲痛等心情天氣如何變幻莫測，這個活在當下的覺知就如同天空一般，含納著這一切。

我們都有觸及這個與當下同在的覺知的經驗。入睡前，聽著雨滴在屋頂歡唱而感到靜定放鬆的時刻，就是安歇在當下同在感中；當我們驚奇遙望滿天星斗時，此刻背後其實也有這個活在當下的覺知；在感謝他人施予出乎意料的恩德時，我們的心門大開，與這份感謝在此當下同在。

我們也無法忘懷目睹生死大事時所感受的當下同在，過去和未來倏然消融，念頭寂靜，我們活生生覺察到與當下同在的覺知。

相反地，渾然不覺則把我們封限在念頭虛擬的實相和情緒性戲碼中；我們試圖解決問題、滿足欲望、排除不適感，或是計畫更好的未來，我們任由下意識的信念、感覺和記憶擺佈，影響生活中的決定和反應。不僅如此，種種下意識的希求和恐懼塑造了我們靈魂最深處的自我感。渾然不覺時，我們常會感覺疏離、孤立、受迫或缺憾、不完整。

日常中的渾然不覺可能會令人感到平常而熟悉，把我們緊緊包在習性的厚繭中，這很可能會帶著我們陷入愉悅的幻夢空想中，讓我們沉迷在痴心妄想中，也把我們捲入痛苦的情緒波濤中。但無論渾然不覺的內容爲何，只要一渾然不覺，我們就脫離了眞實的自我，也無法眞正觸及周遭的世界，我們根本心不在焉。

怎麼知道自己正處於渾然不覺呢？答案是我們通常不知道。但我也聽過許多人形容自己如何從這條覺性線以下的某種渾然不覺的狀態中醒過來。

標示渾然不覺的時刻

- 剛發現吃完一整袋堅果零食。
- 今天每個人都跟我作對——孩子、老闆、伴侶全都是！全世界我都看不順眼！
- 發現自己在評估其他男人，看看誰最強勢。

- 一點小事都讓我覺得是最後一根稻草！
- 邊聽某人講話，邊想著怎麼脫身出去抽根煙。
- 滑手機不小心浪費了一個小時。
- 脖子開始覺得痠痛，意識到肩膀緊繃，原來我已經焦慮了好幾個小時。
- 察覺內在的叨叨絮絮（媽媽的碎念）：「你哪件事成功過？」
- 經過商店，突然發現我在跟街上的每個女人比較誰身材好。
- 像無頭蒼蠅一樣急於完成代辦事項，結果把自己弄受傷，或打破東西，或犯了愚蠢的錯誤。

認出自己的標示能幫助我們脫離渾然不覺的狀態，以我來說，當我逮到自己焦躁地急於完成代辦事項，或因辜負他人而有罪惡感時，就會變得特別警醒。這些喚醒來電，幫助我意識到對失敗的恐懼和伴隨而來的身體緊繃，然後我就會記得，這些恐懼的信念並不是眞的，我其實可以自由選擇如何度過這些時光。

渾然不覺	活在當下
下意識的狀態——落於覺性線之下	有意識或覺知——落於覺性線之上
沉睡、夢境	清醒時、清明、覺醒
被情緒掌控或占據	正念覺察著情緒
疏離	面對感受
防備心或麻木	關愛和柔軟
對經驗做出反射性反應	對經驗有所呼應
執著或抗拒	平衡、開放、明辨

問自己：「現在此時，我當下的經驗是什麼？」或「在我和當下之間有存在其他什麼嗎？」這些問題看似簡單，卻能夠提醒自己正處於渾然不覺，開始喚醒你的覺性。

也可以回想一天的行程，審視自己落於覺性線之下的時刻。你能夠認出或指出自己渾然不覺的那些標示嗎？在渾然不覺的當下，有時我們只足夠認出自己正在經歷掙扎、衝突、關閉心門或焦躁感。這些喚醒來電讓你知道自己需要無雲晴空的療癒，也就是覺性線之上的界域；這就是召喚 RAIN 的時候了。

愛從淨空之地光芒四射

母親搬來與我和強納森同住四年後，診斷出罹患肺癌。六個月後的某個下午，大約是她過世的三週前，我坐在她床邊，念短篇故事給她聽，那是我們都很喜歡的一本書。念著念著，母親睡著了，我坐在那兒端詳她舒適地安歇。幾分鐘之後，她突然醒來，口中喃喃自語：「喔，我以爲你已經走了，你還有好多事要忙呢！」我傾身向前，親親她的臉頰，繼續坐在她身邊。她再度睡著，嘴角微微上揚笑了。

我的確有很多事要忙，我總是有很多事要忙！腦中突然閃現自己曾因忙碌而沒有花時間和母親討論《紐約客》雜誌的文章，還有匆匆忙忙就離席的晚餐時光，以及覺得有義務要陪她，結果看到她獨自一人孤單出外散步，心中感到罪惡不已的種種回憶。

但 RAIN 的練習讓某些東西改變了，在我們相處的最後幾年歲月中，我已經可以暫時停頓下來，眞心誠意陪在她身邊；陪著她一起做超大份量沙拉、在河濱遛狗、一起看新聞、飯後又加碼促膝長談。

二十分鐘之後，母親醒來，輕聲說：「你還在喔。」我一握住她的手，她很快昏睡了；我開始小聲啜泣，這時她一定是受到了觸動，因爲她捏緊了我的手。喔，對她的思念難以言喻！但我的眼淚同時也是感恩的淚水，感恩我們相伴的時光，感恩使這一切發生的「空田」。母親過世的這一天，我的心充盈著無量的悲痛和愛，但沒有一絲一毫的後悔。

學習清出一片空田，能讓我們盡情生活，能讓我們敞開心胸，揭顯全然的慈悲。當我們渾然不覺時，根本無法傾聽孩子興奮分享上學發生的趣事，無法意會到同事神經緊繃是因爲他們正在經歷自我懷疑和恐懼的掙扎；我們錯過日落，錯失休憩、展開親密關係、調適孤單感或憧憬的機會。RAIN 的練習引領我們提升到覺性線之上，讓我們重新接軌與當下同在的覺知和原初的愛心。

沉思：掉頭迴轉到與當下同在

我們可以將此視爲 RAIN 的暖身操，壓力大、匆忙、焦躁時，就探索一下這個方法。這個簡易的沉思能讓我們與內在覺知和自我慈悲重新接軌，自由選擇如何度過一天。

一意識到自己方才迷失在念頭中，就實驗看看這個掉頭迴轉的方法——或許剛剛你迷失在偏執的擔憂、計畫、批判或幻想中；先停下這一切，舒適地坐下來，把眼睛閉上，深呼吸幾次，每次呼氣就放下身心任何明顯的緊張感。

接著，將注意力從剩餘的內心戲或念頭上全盤轉移，察覺當下正在發生的實際體驗。你察覺到身體的什麼感受呢？你當下有沒有任何強烈情緒？在試著踏出內心戲的同時，你是否覺得焦慮或不安？你是否一直想再回去把事情做完？你有辦法就這麼坐著，安靜片刻，陪伴身心之中顯露的一切？你若是刻意以寬容仁慈的心態來看待自己的經驗，會發生什麼事呢？

當你再回頭做事時，審視一下當下的同在感、能量和心情是否有品質上的轉變。

問與答

Q 憤怒時，是否可能體驗到與當下同在的覺知？

A 是的！當你覺知到責怪的念頭和生氣引起的生理反應時，就是覺知當下與之同在了（也就是覺性線以上的區域）。在這些時刻中，除了瞋恨之外，還有一種見證瞋恨心的感受，以及留給自己選擇如何反應的空間。相反地，若是迷失在重複循環的念頭和怨天尤人的感覺中，毫無選擇或控制的自主權，那麼你就是渾然不覺了。

Q 運用 RAIN 這個方法時，需要遵循某一派心靈修道嗎？

A RAIN 是一種工具，任何人若想深入了解自己、深化對自我和他人的慈悲心、渴望得到情緒療癒和靈性覺醒，都可以運用，並不需要具備某一套宗教或心靈信仰的信念。無論你相信什麼，RAIN 都會增強你覺醒、寬坦開敞、慈愛和當下活生生的直接體驗。

Q 我已經有一套每日正念練習法，RAIN 可否取而代之？二者能否相輔相成？

A 這些都是相輔相成的，RAIN 的首二步驟「認出」和「容許」即是正念覺察和慈悲的根基；後二步驟「觀察」和「愛的滋養」則能內化正念、直接啓發慈悲心。

RAIN 可以是將正念與慈悲運用在特定困境上的工具，探索的方式是，繼續你日常的正念練習，只有在覺得自己陷入難以面對的情緒時，再讓 RAIN 出馬，按部就班引導你保持正念和慈愛的注意力，直搗情緒的纏結。一旦情結鬆綁，就返回日常運用的剎那接著剎那的正念練習。

除了在禪坐冥想時加入 RAIN 的練習，你也可以在日間感到困頓或難受的任何時刻，召喚 RAIN 來協助自己。

Q 練瑜伽的過程中，有時會浮現強烈的情緒，比如恐懼、憤怒、自我懷疑等，此時 RAIN 也有幫助嗎？

A 練習瑜伽、太極拳、氣功、呼吸法、靈氣、意象導引治療法（guided imagery）、生物反饋治療法（biofeedback）等身心功法的過程中，體驗到強烈的情緒是相當自然常見的；許多人發現，在這些療程中結合 RAIN 的稍歇暫停，能啓發深刻的情緒療癒，對自己的身心靈修之道會產生相輔相成的協力作用。

2

RAIN 說：接納生命

RAIN 的首二步驟

在受到刺激和做出反應之間，有個空間，
在這個空間裡，有著你的力量和自由。

——維克多．弗蘭克（Viktor Frankl）

生命最深刻的轉變，其實很簡單，只有一件事——學習如何對內心的戲碼做出回應，而不是反射性反應。例如，當某個人、事、物觸發我們的憤怒或焦慮感，那時你會如何呢？如果我們的慣性反應是發脾氣、怨天尤人、傷害他人或陷入受害者心態，那只是在渾然不覺的痛苦上又火上加油而已。相反地，如果能夠以RAIN的首二步驟「認出」與「容許」，喚醒正念覺察的當下，那麼，我們就踏上了心靈解脫之道。

與魔王喝杯茶

佛教傳統中有個最爲人津津樂道的故事，說明了在遭遇困境時，如何能在解脫之道上繼續前進。

佛陀在菩提樹下徹夜打坐直到證得正等正覺，這個形象很多人都看過；暗黑魔王（象徵古今中外皆然的貪瞋癡能量）不擇手段阻撓佛陀，幻變出狂風暴雨、誘人的女色、狂怒的惡魔和大批魔軍，試圖干擾佛陀；那時的悉達多以覺醒和慈悲的當下覺性與之同在，當天空生起晨星時，悉達多成爲全然證悟者——佛陀。

但他與魔王的關係並未就此結束！

佛陀證悟之後的五十年中，行腳遊遍北印度，教導所有想要學習活在當下的覺性、慈悲和解脫之道的人；在田野、森林中、山谷村落、河岸邊，無論是農夫、商人、城裡人和貴族、男女出家眾等，都聚集起來聆聽他智慧的開示。

一行禪師在講述佛陀的故事時說到，在這段期間，魔王時不時也會來訪。佛陀忠誠的侍者阿難有時看到魔王偷偷混在人群中，就馬上衝到佛陀跟前稟告：「糟糕，魔王來了！我們得小心防範！」佛陀每次都會耐心溫柔地對阿難說：「沒事，阿難！」然後緩步走向魔王，堅定卻溫和地說：「我看到你了，魔王，來！一起喝杯茶吧！」隨後，以座上賓之禮招待魔王。

我們也可以這麼做。想像那就是魔王出現在生活中，化現爲對失敗的恐懼，或是因他人的漠視或輕蔑而感到受傷；現在，如果你的回應是停頓一下，說：「我看到你了，魔王！」——認出。然後你說：「一起喝杯茶吧！」——容許感受的發生。你以更清明、優雅、仁慈、自在的態度，回應生命中的一切，不再迴避自己的感受，不再暴跳如雷，不再因自我批判而發脾氣。這麼運用了 **RAIN** 的首二步驟，你就正式踏上了解脫的道途。

我想，佛陀這個故事對我們所有人來說，都是好消息，因爲就算是佛陀，魔王折磨人的能量仍舊持續不斷出現；並非只有我們才會捲入迷惑的暴風之中，並非只有我們才會陷入矛盾的欲望中，並非只有我們才會被恐懼、受傷和瞋恨之箭射中。再者，我們手中握有能讓自己從迷惑中覺醒的解脫方法呢。

問問自己：「最近魔王何時來訪過？」這些時刻，如果能自在說出：「我看到你了，魔王……一起喝杯茶吧！」又會是何等光景？

「我不要」是一種習慣

邀請魔王喝茶時，佛陀其實是在對當下時刻和生命的一切說「我接受」！

相反地，我們的習性卻是說「我不要」，頻頻拒絕或避開我們的經歷或經驗，這種習性只會製造更多痛苦。想想魔王以恐懼、仇恨、憤怒或傷心的相貌出現時，會發生什麼事呢？我們的心立即認爲事情出了差錯，責怪他人，然後想方設法排除這些問題；我們的身體以緊繃或麻木不仁的僵硬說著「我不要」；我們的心以防衛性過強或關閉心門來說「我不要」；同時，我們在行爲上也以猛烈抨擊、退縮或漠視來表達「我不要」。

儘管我們或多或少意識到自己的抗拒，但大多時候仍舊讓自己落於覺性線以下，迷失在毫無覺知之中，不能掌控自己的生命。

要我們對生命的一切說「我接受」，這對我們而言感覺很陌生，無所適從，而且會覺得有點冒險。我們一受到威脅時，最初的條件反射就是抗拒說不要。課程中，我常會請學生回想一個困境，鼓勵他們觀照身心在許多層面上抗拒著內心赤裸呈現的情緒，大家通常會難過地發現，那些保護自己的機制實際上爲自己的生命增添了更多苦痛。

有一位男士，童年被霸凌過，現在嚴厲的上司又常不滿意他的報告，慣性威脅恐嚇；在回想最近一次衝突時，他可以感覺到胃因爲恐懼而陣陣抽痛，心跳加速。他事後並沒有花點時間試著接納自己的感受（對感受說：「我接受！」），反而馬上責怪自己爲何覺得受驚，責怪自己內心對上司感到火冒三丈；接著又回頭投入工作中，加快做報告的速度，因而連連出錯，溝通也更不清楚。他的「我不要」使自己熟悉的無力感和受害感更加固著。

另一位年長的女士和成年的兒子關係疏遠，兒子偶爾才捎來一、二封電郵，她在這種關係中找到自己潛意識的「我不要」；每次讀到兒子精簡的留言，她就淚流滿面問自己：「我到底做錯什麼，要被這麼對待？」然後開始埋怨媳婦，認爲她是一切問題的來源。她發現，如此一來，對媳婦的怨恨就不由自主在下一封回信中透露出來，對她而言，這個「我不要」把她困頓在怨恨和抗拒的感覺中。

無論我們的「我不要」以何種形式呈現，它都是一種對抗實相、企圖免於情緒痛苦赤裸裸折磨的模式，不過，這個「我不要」也可以作爲標示的徵兆，提醒我們正處於渾然不覺中，需要強化注意力；愈快覺察自己的「我不要」，就愈能對魔王做出適切的回應。種種能引發慣性「我不要」的困境，正是實驗深奧的「我接受」的絕佳機會，而這個「我接受」正是透過「認出」和「容許」來運作，帶領我們進入**RAIN**的世界。

魔王瞋怒猙獰時

羅傑是資訊科技公司的高階主管，大家都知道他缺乏耐心、脾氣暴躁，員工工作不力就閃電般快速跳腳；對家人就更苛刻了，看到青春期的兒子不洗碗盤、音樂過吵或晚回家就火冒三丈，太太做事的方式如果不合他意就破口大罵——羅傑完全卡在「我不要」的反應中。

終於，在太太的堅持之下，羅傑去看了心理醫師，醫師建議禪修，這能讓他變得更能正念覺察、反射性反應更少，因此他開始固定參加我的每週課程。幾個月之後，羅傑參加了療癒強烈情緒的整天課程，並表達想與我午餐諮詢的意願；他說他每天都禪修十到二十分鐘，但是壞脾氣依舊，管不住自己。「我真的很厭惡自己的失控，我討厭現在的自己。」邊說還邊露出嫌惡的表情，「但這種情形一而再、再而三，重複不斷。」

我們找了安靜的角落，我為羅傑說明 RAIN 的「認出」和「容許」二步驟，在禪修課程當中，他其實已經很熟悉這種集中注意力的方式。「認出」和「容許」即是察覺當下正在發生什麼事，不帶任何批判，只是讓一切自然呈現，這就是正念的基礎；只是現在我要教他如何把這些步驟直接用在他的慣性反應上。

我們先是討論到前幾天發生的事件；開會時，有名員工未完成工作報告就來了，羅傑大發雷霆，大庭廣眾之下把他痛罵了一頓；回憶到這裡，我建議他閉上眼睛，把注意力放在自己的呼吸上一小段時間，就像在禪修課堂的上座禪修一樣。他的注意力開始集中時，我請他回想此情境中最令他生氣的環節，問自己「認出」這個步驟的關鍵問題：「**我內在正在經歷什麼？**」我讓他閉上雙眼，一邊引導他：「只要觀察整個混雜一團的念頭、感受和感覺……記住有哪些部分比較引起你的注意。你可以在心中默念：責怪……怒氣……，或者說出身體的感受：發熱……壓迫感……爆炸感……」他靜默了一會兒，然後點點頭。

接著我說明第二步驟「容許」，建議他問自己第二個關鍵問題：「**我能不能與這個情緒和平共處？**」或者，「**我能不能讓情緒自然呈現？**」我繼續引導他，「在這個容許之中，不管好不好受，甚至你想方設法要避開那些感受，你同意暫停一下……停在那兒，就這麼去感受那個直接赤裸的經驗，看看自己是否能對這個經驗輕聲說：『我接受』，然後停下來，讓這一切自然呈現；這並不代表你認爲這些感受和念頭是正確的，你只是接納這個『已經來到當下此處』的實相。」我注意到他有點喘不過氣，就加了一段話：「保持對呼吸的正念會很有益處，呼吸能幫助你對體內的感受保持覺知。」

一看到他的呼吸開始平順深長後，我等了大約十秒鐘，然後建議他有意識地做幾個深呼吸，並睜開雙眼。他看了我一眼，揚眉疑惑說：「就這樣？給怒氣貼個標籤、像對小孩子說的那樣數到十？」我們相視大笑。

「也不完全是這樣啦！就試試看吧！」我說，「當然在他人面前不必閉上眼睛，有時你也可能忘了這麼做就發火了，不過，就試著記得吧，注意內心正在經歷什麼，容許這一切發生，與你的感受一同呼吸……對，數到十吧！」

羅傑有勇氣又有好奇心，我告訴他，日課的禪修練習會對他運用「認出」和「容許」有所助益，也邀請他 email 給我練習後的進展。他離開之前，我說：「你可以這樣試試看，一定會有所不同。」他比了比大拇指說讚。

愈練習愈茁壯

我很喜歡給學生說這個故事，有位男士之所以參加正念閉關課程，是因爲他的心理治療師建議，學習禪修能讓他「感受更好一些」，結果閉關課程的劇烈起伏就好像坐上雲霄飛車一般。是的，閉關中當然有平靜的時刻，但也有深陷恐懼、憤怒和悲傷的時刻。再次見到治療師時，他訴苦說閉關時有多折磨：「你還保證說我會感覺好一些?!」治療師明智肯定地點點頭，說：「你的感受確實更好了，因爲你對恐懼的感受力更好了些，對憤怒的感受力更好了些，對悲傷的感受力更好了些！」

這個故事總能引起大家會心一笑。RAIN 之中「認出」和「容許」的正念禪修，訓練我們從妄念紛飛中甦醒，迴轉過來，全心全意投入當下剎那接著剎那的經驗中。我們勢必會遭遇自己極盡所能想逃避的經驗——寂寞、受傷、恐懼等，但若能經常這麼練習，就會發現自己能在各種狂暴的經驗中，維持一種平衡、坦誠開敞的當下既視感。

感謝現代神經學說的研究理解，讓我們知道人腦可以透過生活經驗而有所轉化❶，這意味

---

❶即是現代神經學說的「神經突觸可塑性」。

著，即使是最隱蔽、最具傷害性的習慣都可以被翻轉、消除；用一句話來歸納這個理論就是：「一起激發的神經元串連在一起」（Neurons that fire together, wire together）[2]。念頭、感覺和行爲的重複模式製造並強化了腦中的神經網絡，習慣就是透過這個運作而維續的；若是改變思考、感受和行爲的模式，我們就能夠改變這些神經網絡。

許多研究顯示，正念的覺察能直接且正面影響腦部的構造和作用。面臨壓力而陷入渾然不覺，變得匆匆忙忙、擔心憂慮、武斷批判時，我們就強化了心中建基於恐懼的慣性。相反地，若能在緊張壓力之中保持正念覺察，學著停下來，認出和容許這些經驗的發生，如此就有了轉機；我們不再屈從一時的想望和恐懼而做出反應，而是透過更深刻的智慧、創造力和關愛之心來回應各種情境，這會在腦部創造與眞正的平靜安樂相應的新模式、新神經迴路。

我們愈能接納自己的經驗，接納的開放寬坦和活在當下的既視感就愈能體現在活生生的細胞中，塑造我們的整個生命經驗。

認出和容許：就近觀察

本書第一章介紹了「認出」和「容許」的步驟，但此處我想更深入說明，因爲這二個正念

核心元素即是 **RAIN** 的基礎。

我們一把注意力放在當下正在經歷的心念、情緒、感受或知覺作用上，「認出」就開始了。此處的關鍵一問是：「我內心正在發生什麼？」看看自己能否從客觀、不批判的見證人觀點來看待這些，並保持好奇探究的心態。花一點時間察覺吸引你注意的現象，可能是苦惱的念頭、焦慮感、傷心、迷惘或傷痛。試著放下任何先入爲主的成見，以友善且接納的心態來聆聽你的身體和心靈，但不需要刻意尋找什麼，只要安靜下來，察覺當下正在發生什麼。

有時你可能會發現席捲而來的各種經驗：迷惘、憤怒、妄念紛飛、焦慮等，沒關係，只需要注意較突出的那部分感受；有時你也可能會開始覺得麻木或空虛，這其實也是一種情緒，只要給它們貼個標籤：「空虛」「麻木」即可。

要從渾然不覺之中覺醒，第一步就是要「認出」，這個認出可能只花幾個片刻，但卻是重

❷ 摘自維基百科網頁：赫布理論（Hebbian theory）是神經科學理論，解釋了在學習的過程中，腦中的神經元發生的變化。赫布理論描述了突觸可塑性的基本原理，即突觸前神經元向突觸後神經元持續、重複地刺激，可以導致突觸傳遞效能增加。這一理論由唐納德．赫布於一九四九年提出，又被稱為赫布定律（Hebb's rule）、赫布假說（Hebb's postulate）、細胞結集理論（cell assembly theory）等。這一理論經常會被總結為「一起激發的神經元串連在一起」。

要關鍵；這時你正把頭奮力伸出恐懼或憤怒的波濤外，你正在見證這個當下。

下一步就是「容許」，這是要你讓一切心念、情緒、感受或知覺「如實呈現」。你先是柔和地問自己：「我可以與它和平共處嗎？」或「我可以讓它如實呈現嗎？」此時此際，覺得抗拒是再自然不過了——因爲你實在希望那些感覺會隨風而逝！「容許」這個步驟，也包含容許你當下這個抗拒的現況——也就是眞心厭惡當下這感覺的事實。

讓心念和情緒持續揭露時，一邊讓自己停下來，但別試圖控制這些心念和情緒，也別做什麼去解決它。你或許可能急切想要開始觀察分析、修正什麼，這個感覺也要讓它自然呈現。此時此刻就是讓覺性容納內在一切的時機。

正念的二個關鍵提問：

問你自己：「我內心正在發生什麼？」

再問：「我可以與它和平共處嗎？」或「我可以讓它如實呈現嗎？」

我教過的許多學生都會透過一個技巧來幫助自己「讓一切自然呈現」，也就是內心默念令人感到鼓舞的詞彙或句子。你可以在感受到恐懼的魔爪攫取或深沉悲痛的哀傷中，輕聲說：來吧。你可以說：「這也可以。」或「沒事！」「沒關係！」

我們可以有不同程度的容許接納。起先你可能只是覺得自己在經歷這個過程，「盡力忍受」不舒服的感覺。又或者你會發現自己其實偷偷在「討價還價」——「我同意接受這個羞恥感，它就會神奇地消失。」話說回來，就算只是輕聲說「我接受」，都開始讓你有了更開闊的感受，有了更大的空間容納當下發生的一切，不再把所有心力集中在抗拒感上。隨著練習時間的累積，你會開始卸下心防，你的身體可能會有如釋重負或放鬆的感受，也覺得能對重重湧現的經驗敞開心房。

儘管容許種種經驗的發生不盡然能減少不悅感，卻能徹底轉化我們與痛苦的關係，從而減少受苦的機會；想像把一杯染料倒入洗手槽的水中和倒入湖中的差別。「容許」種種經驗的呈現能擴張我們的心力，使我們得以接納生理痛苦和情緒痛苦，而不是與之對抗，心理學家稱之爲「影響耐受性」（affect tolerance）。

謹記這個療癒的潛在力量，這有助於接納當下的實況。「認出」和「容許」二者合力讓我們從束縛自己的渾然不覺，轉換到更覺醒開闊的當下，最後得以包容生命中的一切；正是此正念覺性讓你發現了清新、富創造力且更慈悲的心，而得以回應生命的一切挑戰。

「接納」的力量

幾個月後，羅傑給我發了一封電郵，讓我知道他的最新進度。每天早晨上班前，他都會禪修，這些寂靜的禪定時光讓他感到非常平靜和專注，因而日間較少落入以往可預料的情境中；經過他的計算，發怒時，每四次就會有一次能讓自己暫停下來。有時，「容許」和「認出」的步驟只能讓他怒氣稍歇，仍會對他人大發雷霆，這讓他事後深感後悔，其他時候則看到自己開始有所不同。電郵最後，他說：

上週一，我和手下的專案經理見面，他坦白說他的團隊趕不上公司某個大專案的進度，也說自己在這過程中犯了好幾個錯誤。

我幾乎要失控罵人，但還記得要停下來……，記得深呼吸，記得問自己當下在經歷什麼，記得給情緒貼上標籤「憤怒」，記得讓它如實呈現。那時，他正在對我解釋，運送的延遲實在無法挽救。嗯，我就這樣停下來，深呼吸，然後內在有個東西轉化了，因爲與其在對方搞砸的事上鑽牛角尖，我卻想到他有多麼投入工作、多坦誠、多爲人著想；因此我接下來說的話不僅震驚了他，也震驚了自己，我說：「我知道你已經盡力了！」

他突然眼眶一紅，告訴我，他妻子診斷出癌症末期，他也有二個青春期孩子（跟我一樣），而這一切是多麼困頓難受。

塔拉，結果我倆噙著淚水，相互擁抱。幾個月前的我，一定會在渾然不覺的狀況下讓這位男士背負更多重擔，但此時我們卻擁抱著彼此！這眞是我一生中最悲傷卻又最棒的時刻……感覺就像是我找到了恢復人性的道路。

我們拒絕一切、對一切說「不」的慣性、我們憤怒的反應、焦慮的擔憂、防備心、上癮的行爲模式、自責的心態等，在在阻礙著我們忠實地面對自己；當我們透過正念且寬容一切的覺性中斷這些習慣，便開始能夠全面啓發自己身爲人類的潛能，這就是「我接受」本有的力量。這讓我們有機會終結沉痾已久的衝突，找到和解的方法；又或許可以停止悶不吭聲而無法坦率的習慣，開始能夠說出難以啓口的事實；又或許可以放下過度消費或睡過頭的習慣等，開始過較健康的生活。無論是哪種模式的「我不要」，只要練習 RAIN 的首二步驟「認出」和「容許」，就打開了改變的契機。

面對強烈情緒時，一般來說，就必須透過 RAIN 的後二個步驟「觀察」和「愛的滋養」，強化正念和自我慈悲，這時，與魔王的下午茶時光變得更活生生且更能深刻轉化！我們會在第三章看到，RAIN 的完整練習在陳規舊習的療癒上更爲重要、更具關鍵性。

沉思：對自己說「我接受」——喚醒正念

首先靜坐幾分鐘，安歇在一呼一吸的動作中，把注意力收攝回來。

在內心想一個會引起中等程度的受傷感受、憤怒、恐懼或羞辱等情緒反應的情境（但別選會觸發創傷反應的情境），這包含與家人或朋友的某個衝突，或是某個上癮行爲，或是職場中的困境。回憶當時的情況，就好像在看電影一般，直到能觸發強烈情緒的情節；這時暫停回憶，強化注意力去觀察最干擾自己的情緒。

問自己：「**我內心正在發生什麼？**」同時注意最痛苦或強烈的情緒。

現在，察覺你對這些情緒的態度，你可能一直都在對自己的經驗說「我不要」。你是否在想哪裡出錯了，這不應該發生，又希望這件事趕緊落幕，又責備自己，怨天尤人——你是不是正在試圖修正或抵抗它？現在做個小實驗，心中說出「我不要」，將這個抗拒的能量直送到內在最憂惱之處，觀察看看，當我們抗拒自己的感受時，身體、心臟和心神有什麼反應，並注意自己是否常常有這種感覺，是否這種狀態已經成了自己熟悉的一部分。

接著，做幾次深呼吸，然後再提醒自己此情景中最難受的部分，回憶那最痛苦的感受。但是，這次你要問自己：**「我可以與它和平共處嗎？」**或**「我可以讓它如實呈現嗎？」**感覺到自己擁有覺知的空間，能夠包容你現在發現的一切，能夠放心容許這些感受做它自己。你甚至可以對正在說「我不要」而抗拒當下一切的自己說：「沒關係，我接受。」

再實驗看看，心中說出「我接受」，將接受的能量直送到你當下最強烈的感受處。觀察看看，當你接受時，身體內感覺如何？這個「接受」如何影響你的心臟？你的心神？就這樣，盡可能讓這個「我接受」完整充盈且沒有任何條件交換。當你說「我接受」時，你對自己整個存在有什麼樣的感覺？

想像一下未來幾天或幾週，再發生這個情況時，你若能夠對自己說出那個難受的情緒，完全暫停下來，容許這些感受如實呈現的話，會是什麼光景？你若能暫停且對自己的內在生命說「我接受」，會開展出什麼樣的可能性呢？

問與答

Q 我對於說「我接受」有點疑慮，要是我傷害了別人或別人傷害我呢？拒絕有害的行為不是很重要嗎？

A 當我們說「我接受」時，是在坦誠地承認當下的實相，接受當下的實相——也就是你眞正的感受和觀感，但我們絕對不是在接受有害的行爲，無論這個行爲來自你自己或他人。比如有人一直在精神虐待你，你對自己恐懼或憤怒的感受說「我接受」，這並不包含接受對方的所作所爲。事實上，當你認出並容許自己的內在經驗時，你會發現自己更能對對方的所作所爲說「不」，更能勇敢明確地設定自己的界線和原則。

Q 但是，對憤怒說「我接受」，不會讓自己更加怒火中燒嗎？不會讓自己更有理由對別人大發雷霆嗎？

A 此處所謂接受憤怒，接受體內能量爆棚的怒火，完全不同於接受瞋念本身的內容。接受憤怒的能量並非肯定那些瞋念是正確的，我們並不是同意「對，我接受那個誰或什麼真的很壞、真的錯了」，也不是同意「對，我肯定會以牙還牙」，而只是單純認知到自己憤怒的事實。實際上，如果我們原本的習慣是一生氣就對他人大發雷霆，這個對憤怒的接受反而能讓我們停下來，即時迴轉，當下覺知到自己的體驗，而不是馬上做出反應。在這個暫停的時刻，我們可能會發現那份怒火下埋藏了什麼。此外，就像羅傑一樣，我們也可能變成有能力選擇以其他方式回應；我們不再困頓在受創和怨天尤人的舊有模式中。

Q 當我批判自己，覺得自己是個「壞」人時，對自己說「我接受」，感覺就像是在肯定自己真的很糟糕一樣。

A 就像處理瞋念的方式一般，當我們有批判的念頭時，就只是「認出」和「容許」這些念頭如實呈現，做它自己，這絕非在肯定批判本身（比如「我很壞」）是真實的。就像面對憤怒一樣，當你「認出」和「容許」自己的批判，就有機會即時迴轉，讓隨批判感而來的恐懼或羞恥感得以顯露出來，這會讓你的心提升到覺性線上方，愈來愈能夠以更多元的觀點、智慧和慈悲來回應自己內在的批判。

Q 對自己說「我接受」——認出和容許，會不會讓恐懼或羞惡感更強烈？如果這些感受過於強烈而無法面對，怎麼辦呢？

A 每個情緒都有拋物線，除非我們不斷用念頭火上加油，否則它們都會向上升起、到達頂點，然後下滑。你可以在情緒剛升起時，好好察覺感受，對它說「我接受」，容許它完整呈現自己；如果可以承受這個過程，這是非常療癒的：情緒可以自由自在地出現、消去，而你會愈來愈有能力安歇在敞開而覺知的當下。不過，如果覺得情緒過於激動，那麼此時就不是說「我接受」的時機。接下來的章節（尤其是第六章與恐懼有關的部分）將會說明許多方式，幫助我們尋求支持、加強恢復力、發展其他可依賴的資源，然後再回到RAIN的練習上。

3

RAIN 揭顯眞實的我

RAIN 的後二步驟

生命是如此單純——

我們活在全然澄澈直透的世界中，

一直以來，神性透過世界發出璀璨的光芒；

這並非只是美好的故事，而是事實。

——托馬斯．默頓（Thomas Merton）

約莫一九五〇年代中期，泰國曼谷修建的一條高速公路必須穿過一座古老的寺廟，僧眾被迫遷移一尊世代供奉的大型陶製佛陀像。他們找來大型起重機吊起佛像，但是在起吊的過程中，沉重的佛像重心偏移導致陶土層開始龜裂，大夥兒趕緊降下起重機，把佛像重新放在地上；這時，暴風雨即將來襲，於是他們先用帆布把佛像蓋好。

那天晚間稍後，寺廟的住持前去勘查佛像受損情況，並確保佛像不會被大雨淋濕；就在把手電筒探入帆布下，照向佛像時，他注意到佛像最大的裂縫中，反射出一丁點兒光芒。

他睜大眼睛仔細瞧，猜想厚重的陶土之下是否藏了什麼東西，然後趕緊把其他僧人叫醒。大夥兒拿著鑿子和槌子，沿著裂縫開始鑿開佛像，原本顯露的星星之光的面積愈來愈大，最後，經過許多鐘頭的努力，僧眾倒吸一口氣退後，驚奇地看著眼前不可思議的景象：一尊純金打造的佛像。

歷史學家相信，這其實是寺廟幾百年前的僧眾用陶土把佛像掩蓋起來，當時他們預知鄰近的敵軍即將攻打此地，希望能保護珍貴的佛像免於被掠奪或摧毀；接著在這場戰亂中，僧人全數被殺害，但佛像卻完整無缺地保存下來。

今日當僧人們分享這個故事時，他們會藉此說明，在面臨威脅或挑戰時，每個人都會有習慣遮掩純金之心的某種方式——當我們認同自身防禦性的遮蓋，因而忘失自己本具的慈悲覺性時，就會帶來痛苦。

別忘了這純金

我讀到這則黃金佛像的故事，是在與第一任丈夫同意離婚的一個月後。艾力克司和我在靈修道上同修了十年，因此我們都期許彼此以友誼和敬意來安排離婚事宜；然而，在這關卡上，我們卻陷入敵對的僵局中，無法在財務、照顧孩子的時間表及創建兩個分開的家庭所需安排的許多細節上達成共識。我們兩個簡直殺「紅」了眼，完全看不到黃金！

我希望我們能夠先緩解一些苦澀的感受，所以決定遲一些再告訴五歲兒子納拉楊我們要分開的事。不過現在這尊黃金佛像映現在我心裡，我開始看到我們對彼此的責備和不信任就好像覆蓋佛像的陶土，這幫助我憶起艾力克司關愛兒子的樣子，還有他充滿療癒力的雙手，多麼會照顧植物、動物和小孩子。這讓我記得自己的恐懼和憤怒底下，其實還深藏著愛。

接下來的幾天，黃金佛像的形象不斷出現在我心中，每次都讓我對這段艱苦時期的現實感到愈來愈平靜，我知道我們會度過這個難關，我們的友誼會毫髮無傷。

一週後的某個晚上，我講了黃金佛像的故事給納拉楊聽，然後告訴他，爸爸和我從此會分開住，也解釋說我們仍然愛他、關心他；他的第一個反應是：「好的。」然後在一陣貼心的靜默之後，他又說：「但你們還是愛彼此，是吧？」那時我可以眞心說是的，而且眞心如此感受。「能愛就是金，且永不改變。」我這麼告訴他。

如果當時可以把生命快轉二十七年，我就會看到艾力克司後來開心的眼神，望著納拉楊和妻子妮可依偎、擁抱他們的新生女兒，也會看到我漫步在沙灘上，胸前包裹著孫女小米雅，現在的丈夫喬納森就在我身旁。我們全都閃耀著黃金之光。

我們到底是誰？

我常把防禦性覆蓋的心稱作「我執太空衣」，這套太空衣的材料是我們在家庭和文化中經歷傷痛和衝突的過程裡，爲了符合自己對安全感、肯定感和愛的需求而發展出來的所有策略和防禦手段；儘管有些防禦是必要的，但它們不可避免地也會帶來痛苦。當我們覆蓋自己的純眞和純淨心，覆蓋自己的脆弱和敏感易觸，就看不到自己眞實的核心存在了；我們轉而將自己的身分認同爲這套我執太空衣，忘失了裡頭的純金。

如果把鏡頭加寬，我們就會看到，這個狹隘的身分認同其實是人類進化史自然演化的一部分，所有生物的主要活動都是趨吉避凶，努力求生、避開威脅，透過身上的薄膜／黏膜、鱗片、外殼等來保護自己，用種種生理反射作用和各種技巧或策略來達到這個目的。我們的腦部與生俱來的設計就擁有能感知分離和危機處理的功能。打從人類成爲地球上的生物那一天開始，我們就已有了匱乏和擔憂的自我，從這個自我又延伸出各自歸屬的小團體或部落。但我們的故事尚未完結呢。

我們是「現代智人」（homo sapiens❶，能知道自己知道的現代人），所以我們能自覺；人腦最新進化的部分就是前額葉皮質，讓我們有能力見證自己和他人內心經歷的一切，並能爲其感到悲憫。神經學家研究發現，如果學習禪修來強化專注力，能啓動或激活腦部與自覺相關的部位。如此，我們會開始覺知自己無意識的恐懼和局限的信念，也能認出自己不被滿足的需求如何讓自己築起防禦高牆，或不斷攀執其上。我們也會開始看到，所謂的「我」，一直以來如何被這些我執的覆蓋局限和遮蔽。

❶智人，意為「現代的、有智慧的人類」，生物學上歸類為哺乳綱、靈長目、人科、人屬的物種。

RAIN 的正念覺察力和慈悲力，讓我們得以從日常生活渾然不覺的牢獄中覺醒。每一次以 RAIN 輕叩厚重覆蓋的陶土，隨著恐懼和執著之陶土的崩解，一切就愈來愈澄澈通透，我們內在純金的光芒就更加璀璨閃耀。

RAIN 的後二步驟：觀察與愛的滋養

蘇菲雅大學三年級時，男友提出分手，她感覺世界都崩毀了。她和男友賽克從大學新鮮人就開始交往，蘇菲雅一直以爲他們會相愛到老。賽克在她心目中是完美的伴侶，體貼、聰明、幽默，當她沒有安全感時，他就是安穩的臂彎。但現在他愛上別人了，這令她陷入劇烈的焦慮和憂鬱中，也無心工作，輔導老師建議她先休學一學期。

待在家中幾個月，經過心理治療師的引導後，有些日子的確平靜多了，感覺很有幫助，但是一想到復學，又馬上恐慌起來；回到學校就得面對令她緊張的一切，更糟的是可能會遇到賽克和他女友。她母親是我週三課程的常規學員，某天，蘇菲雅把自己關在房裡一整天，沒踏出房門一步，她母親問我是否可以見見她。

剛開始，蘇菲雅只是禮貌性且簡短地回答我提出的問題，但是當我問她對學校課業哪個部分特別感興趣時，她開始滔滔不絕講起自己在市中貧民區診所的實習醫師經驗；在那裡，她輔導了一些青少年，說著說著，整個人恢復了活力。

她說她教這些孩子練瑜伽，也協助主持建立情緒管理智慧的成長團體。「我喜歡和他們在一起，」她告訴我，「即使他們惹麻煩時也一樣，我知道他們惹麻煩是因爲心裡受了創傷。」她接著又感傷地說：「大學生活中，我最想念的其實是他們。」

然後蘇菲雅突然垂頭喪氣，目光萎靡，「有時我眞的非常焦慮，參加派對也是一種折磨。面對教授我也總覺得緊張不安，他們大概以爲我不在乎他們吧；而且我老是爲下一次的報告或考試感到煩擾……我很怕復學之後，情況會更糟糕。」然後又說：「就像我跟賽克的關係一樣，我的安全網已經不見了。」

我向蘇菲雅介紹 RAIN 的練習，她很快就認出自己想到賽克時，那個馬上占據腦海的自責聲音：「我曾在臉書上看過他的女友，身材苗條又一頭金髮，而且……」她指了指自己的小肚子，說：「分手後我大概胖了十磅。腦海的聲音告訴我，賽克從未愛過我，他只是在努力扮演英雄而已，想要拯救可憐、可悲的我。」她開始流淚，然後不耐煩地輕拭眼睛。

「蘇菲雅，」我輕聲說，「妳現在可以把這個聲音說的內容貼個標籤『責備的念頭』嗎？

然後讓這些念頭如實呈現，這樣保持幾分鐘，可以嗎？」她點點頭，然後我向她解釋，這個步驟稱爲「容許」。我們已經認出自己的感受、知覺和念頭，也不再拒它們於千里之外，不再抗拒。

在暫停之後，我引導蘇菲雅練習RAIN的第三步驟「觀察」。「現在，試著進入身體內，進入妳的念頭之下，看看妳察覺到最具體的是什麼。」

「那裡一片漆黑且沉重，」她說，「而且很幽閉壅塞。」

「告訴我，那片漆黑沉重、幽閉緊繃中，最強烈的感覺在哪裡？」她的一隻手馬上按住心口，我請她繼續把手放在那裡。「如果那片漆黑沉重的緊繃之處可以進行溝通的話，它會想要表達什麼呢？」

沉默了一會兒後，蘇菲雅說：「我看到一個小女孩……那是我……蜷伏在黑暗中。」

「妳知道她有什麼信念或想法嗎？」

靜默了很長一段時間，蘇菲雅說：「她覺得大家一定會察覺她的不好，看到她哪裡糟糕，然後大家就不會再愛她了。」

「蘇菲雅，現在的妳感受到這個年幼的自己多麼寂寞、害怕失去愛，妳有什麼感覺？」這時，蘇菲雅把臉埋入手掌中，開始啜泣。當她平靜下來，我遞給她面紙和水。

沉默良久，她才說：「她只是個小孩子……她又沒做錯什麼……眞是難受呀。」

我點點頭，問她：「她最需要妳爲她做什麼？」

蘇菲雅深深吸了一口氣，然後嘆氣。「她要我看到她，知道她在那裡……她要我無論如何都會在乎她。」

現在我們差不多要進行RAIN的第四步驟「愛的滋養」。我讓蘇菲雅花點時間深呼吸，然後呼喚最有智慧、最慈悲的自己，也就是能夠看到小女孩、能夠感受她的悲傷和柔弱的蘇菲雅。

「有些人認爲這個部分的自我是所謂的『高我』或『未來的我』，」我解釋。「或許妳在診所與孩子們相處、眞心想了解他們、關愛他們時，就經驗過這個睿智慈悲的自己。」

蘇菲雅睜開眼睛，輕聲說：「妳說的對……有時我的確感受到了——那些孩子年紀那麼小，卻活得那麼辛苦……這又不是他們的錯。」她停了一下，又說：「我喜歡這個說法——未來的我。」

她再度閉上眼睛，我們繼續談話：「蘇菲雅，現在把手放在心口，就像妳安慰那些孩子一樣，把未來的妳的關愛傳送給年幼的妳……試著呼喊她的名字。」

片刻之後，她開始緩緩輕拍自己的心口，然後她悄聲說：「我在這裡，蘇菲雅，我想要和妳在一起，眞的很遺憾日子如此難受……我很在乎妳，眞的，我眞的很關心妳。」

約莫一分鐘之後，我看到她的呼吸變得深長飽滿，片刻之後，她睜開眼睛。我詢問她感受如何。「我安慰她的時候，心裡發生了某種轉化，我覺得輕鬆多了——雖然悲傷，但卻感到輕盈放鬆。剛剛就這麼靜靜坐著時，我覺得更恢復自己的本貌……那個我想成爲的自己。」

下一次會談時，我會告訴蘇菲雅黃金佛像的故事，我們是如何困頓在自我防備的覆蓋中，忘失了自己的美好。但這次我只給她一個簡單的功課，每當自責的聲音響起，讓她開始批判自我、激起焦慮感時，就練習 RAIN 的四個步驟。練習時間長短皆可，重點是掉頭迴轉——從那些念頭迴轉爲觀察，觀察身體內發生了什麼事，然後將慈悲施予在她發現的一切經驗上。

蘇菲雅離開之前，又說：「我想像自己復學的唯一方法，就是未來的我來到當下。」

我笑了。然後分享我最喜愛 RAIN 的原因之一：「妳愈是以愛滋養自己，愈會發現自己正在活成未來的我，最美好的我的本貌。」

RAIN 雨後——瞥見純金

完成 RAIN 的四個步驟，靜坐一會兒之後，蘇菲雅覺得她想成為的「我」活了過來。安歇在自身完整的存在之中，充分感受這個完整的「我」，我把這個過程稱為「RAIN 雨後」。RAIN 的第一顆豐收果實，通常出現在完整完成 RAIN 四個步驟之後，猶如大雨沖刷之後出現的清新潔淨一般；然而，在汲汲營營的忙碌生活中，我們很容易錯失這些珍貴的時刻。我們需要做的是暫停下來，安歇在與當下同在的覺知中，而不是匆匆忙忙奔向下一刻。於是，我們就會注意到，我們對自我的感知範圍變大了，我們不再耽溺於小鼻子小眼睛的戲碼中，認同那個擔憂、害怕或匱乏的我，而是變得愈能覺知自己本具的寬坦、醒覺和敏感易觸的柔軟心。這就是一瞥純金珍貴的光燦，就是一嚐我們自身本具的美好。

對蘇菲雅而言，與心房洞開的當下覺性接軌的那一刻，就開始了信任自己的過程。復學之後，她傳來幾封電郵，其中一封開頭寫道，「曾以為賽克是我的『安全網』，現在卻覺悟到，未來的我一直在我身邊，擁抱著我。」她又告訴我發生在實習診所的九歲女孩的故事。女孩在寄養家庭中受到家暴，起先靜默不語，甚至不與診所的員工有任何眼神上的接觸；但蘇菲雅第三次造訪時，女孩竟然問她何時再來。「我告訴她下週會再來，然後問她是否可以擁抱道別。

她害羞地點點頭，全身僵硬，但是當我們擁抱時，我知道她很不想放開我。」

我們每個人內在都有一種渴求，呼喚著純金之心，憧憬以純金之心來生活。我們想要展現自己的眞實本性，無論我們稱這個眞實本性爲未來的我、高我、覺醒心、佛性、高靈、基督意識或神性。儘管認同自我覆蓋是人類共同進化途徑的一部分，但是全然慈悲的覺醒能讓我們從幽閉局限的渾然不覺中解脫出來。RAIN 能夠引導我們回到生命本質的家——也就是光明慈愛的覺性，於是我們便能以此慈悲的當下覺性來生活。這個內在的光華常被恐懼和創傷覆蓋，因此，本書的第二篇中，我們會探討如何把具有療癒力的 RAIN 直接用在恐懼和創傷上。

接下來的幾個章節也會有一些建議，說明如何將 RAIN 的練習應用在各式各樣的情境中。以下歸納了基本步驟，任何時候你都可以回到這一頁來回顧。

禪修：按部就班練習 RAIN

靜坐，閉上眼睛，深呼吸幾次。心中想起一個最近讓你感覺困頓的事件，一個會讓你感到難受的事件，比如讓你憤怒、恐懼、羞恥或絕望的事件。或許是家庭成員之間的衝突、慢性疾病、工作上的失敗、上癮症狀的痛苦、你現在後悔的一段對話等。花一點時間回想這個情境，觀想那個場景或情況，回憶當時說的話語，去感受讓你最苦惱的時刻。實際觸及這個情節中張力最強的核心，這就是探索 RAIN 當下療癒力的開端。

R：「認出」正在發生什麼事

回憶這些情景時，問自己：「當下我的內在正在發生什麼事？」你覺察到的最強烈知覺是什麼？什麼情緒？你內心是否妄念紛飛？花點時間去覺察最明顯的感受，或是這個情境中整體情緒的基調。

A：「容許」生命如實呈現

對你的心送出訊息，「不干涉、不打擾」這整個經驗，讓它如實呈現。在自己內心找到願意暫停、願意接納「是什麼就是什麼」的當下此刻。你可以實驗看看，心中默念「來吧」「我接受」「不干涉、不打擾，就讓它這樣」。

你或許會發現自己正在對內心的「我不要」說「來吧」，對身心痛苦掙扎的抗拒感說「來吧」，又或是對正在說「我很討厭這樣做」的你說「來吧」；這都是過程中很自然的反應。在

RAIN的這個步驟中，你單純只注意對自己而言最眞實的部分，並且刻意不去評斷什麼，不去推拒，不去控制你看到的任何經驗。

I：以輕柔好奇的專注力進行「觀察」

以一種熱誠、有興趣且寬容的注意力，觀察你的經驗，以下的一些提問應該會很有幫助，請盡量利用，以各種不同的順序和組合來探索實驗。

- 這個經驗中，最糟的情況是什麼？當中最需要我關注的又是什麼？
- 我認爲最難受、最痛苦的是什麼？
- 這個情境引起什麼情緒？（恐懼？憤怒？悲傷？）
- 對於這個情緒，身體感受最強的部位是哪裡？（自我掃描一下喉嚨、胸部和腹部，會很有幫助。）
- 這些生理感受是什麼感覺？（也就是身體感受到的知覺，比如緊繃、刺痛或發熱等。）
- 當我的臉部和身體呈現出回憶這些感受和情緒的最相應表情和姿勢時，我注意到什麼？

- 這些感受很熟悉嗎？是不是生命早期就經歷過？
- 如果我最脆弱、最受創的那一部分可以說話，它會想要表達什麼呢？（話語、感受、意象）
- 這個部分的我希望我如何跟它相處？
- 這個部分的我最需要什麼？（從我或從某個更高、更大的愛與智慧之源？）

最後提醒：許多學生一開始以為「觀察」是要他們激發認知技巧——分析情況或分析自己，指出痛苦的多種可能來源等，這是常見的誤解，而且會讓我們因此偏離「觀察」的眞正精髓——喚醒自己體內的覺性。儘管心理上的探索可能增加我們的理解，但敞開自己直入體內這些具體的經驗，才是通往療癒和自由解脫的入口。

與其「思考」發生了什麼事，不如把注意力放在身體上，直接觸及感受到的知覺和最脆弱之處的覺受；一旦你全然處於當下，就專心傾聽脆弱之處的眞正需求，開始進行療癒。

N：以當下覺知的愛來滋養自己

感受到自己的需求之後，你有什麼自然的反應呢？現在，呼喚自身存在中最睿智、最慈悲的我，這時你可以給自己送上一則愛的訊息或向內溫柔的擁抱。你可以輕柔地把手放在心口上，觀想年幼的你被柔和燦爛的光芒圍繞。你也可以想像某個你信任的對象關愛地擁抱著你，可以是父母親或寵物、某個老師或宗教人物等；你可以自由實驗各種與你的內在生命搏感情的方式，無論是透過言語或觸摸、某種意象/形象或能量。試試看哪種方式最能讓自己感受到愛的滋養，哪種方式最能讓你最脆弱的那個我感到被愛、被看到、有安全感。花點時間慢慢來，不需要急著結束，向內給予關愛，讓那個我可以眞正收到這份關懷。

RAIN 雨後

RAIN 的四個步驟所需要的是積極掌控自己的注意力，但是在 RAIN 之後，我們要從「有所作爲」轉向「任其如是」。此處我們只是放鬆，並契入已浮現的心性空間，安歇在這個覺性中，熟悉它，這就是你眞正的家。現在，注意觀察這個與當下同在的覺性，這個寬闊、覺醒且柔和的心性空間，然後問自己：

• 在這樣的時刻，這個我的存在、這個眞實的我是什麼感覺？
• 從開始禪修到現在，這是如何轉化的呢？

提醒：如果你還是覺得刺痛難耐或出現新的苦受，就以慈愛之心納受這些感覺。

禪修：呼喚未來的我

開始做「未來的我」的禪修時，你可以盡情用其他詞彙來稱呼這個未來的我，比如「智慧的我」「高我」「覺醒心」「覺醒心靈」或其他任何能形容這個進化圓滿的我。

以舒適的姿勢坐好，閉上眼睛，把心靜下來。深呼吸幾次，幫助集中專注力，看看每次吐氣時，是否可以釋放體內累積的壓力。

檢視你目前的生活，把注意力放在讓你感到情緒困頓的場景，無論是覺得恐懼、受傷或憤怒。

現在，試著去看未來十年或二十年後，觀想你未來的家。你在屋子的哪個空間看到那個「未來的我」？你在屋內或屋外？在某個房間內？那裡是否有對你具有特別意義的照片、家具或植栽？未來的你是什麼模樣？穿著什麼衣服？什麼髮型？你臉上有什麼表情？未來的你，眼神中透露出什麼？有沒有仁慈的感覺？有沒有讓人覺得溫暖有愛？

接著花一點時間，感受你目前最深的困頓和脆弱，對未來的你傾訴衷腸。

現在，想像未來的你把療癒和關愛的能量傳送給當下的你，你可能會感覺自己接收到慈愛力量的撫觸或能量的擁抱，又或者會收到某種引導或令人寬慰安心的訊息。看看自己能納受那份溫馨、關愛和智慧多少。去感受未來的你抱著當下的你，灌注你滿滿的愛的當下覺性；去感受無論當下有什麼巨大的困境，甚至是最深的恐懼和悲痛，都可以被納受在這個寬廣而滋養的當下覺性中。放鬆投入未來的你的懷抱，直到你感受到當下的你和未來的你融合爲一，無二無別。

花點時間感受一下，那個最圓滿的你的愛與智慧，當下就存在且一直都存在你內心之中，要相信，透過不斷地練習，假以時日，你一定會愈來愈容易契入這個覺醒、慈悲的心性空間。

問與答

Q 如果接觸不到未來的我或高我，怎麼辦？

A 這是很多人都會問的問題，因爲我們都會有感覺跟自己切割開來的時候。陷入情緒性反應時，那個歡喜給予或仁慈的你恍如距離一個地球遠，甚至根本不存在！但這並不是眞的，那個你還是在這裡。話說回來，呼喚你生命存在中最圓滿的展現，這是一輩子的練習，每經一次練習，你的呼喚就愈有力量。以下二個方法能有幫助：

- 覺察日常生活中，你的覺醒心浮現時想要表達什麼。或許你正凝望著夜空，感到滿心驚奇；或許你正擁抱著傷心的朋友，感到滿心溫柔；或許你正有覺知地做著呼吸練習，觸碰到內在的平靜；或許你正聆聽著所愛的人嚴厲批判他自己，深切希望他能透過你愛的雙眼看到他自己——那個覺醒的你就存在於這些時刻中。給自己一點時間去認出並探索這些體驗的具體知覺。這個心性空間，這個愛的覺性，就是你的眞實本性。盡可能去熟悉它。或許可以悄聲對自己說：「要記得這個。」然後，每當你又卡在哪裡，試圖呼喚、求救時，就回想這些時刻，這會幫助你重繫始終本具的純金之心。

- 當你覺得自己陷入困獸之鬥，也要「佯裝」未來的你就在那裡，在你身旁，正在聆聽且注意著你。即使感覺起伏不定，也可以在心中默念自己的祈禱文或願望，透過私密的方式，感受慈悲有愛的當下覺性。經過練習，你就會發現，單單只是把心轉向未來的你，就能讓自己更趨近覺醒仁慈的當下覺性。

Q 我怎麼知道所謂智慧之我或未來的我，是不是欺騙自己的把戲？

A 學生們常會擔憂自己只是在幻想或虛構理想的自己而已，如果你幻想「未來的我」是諾貝爾獎得主、總統、教宗……或這三種角色三位一體，那麼這很可能就是在欺騙自己了。但所謂的「未來的我」不盡然和外在成就有關，而在表達你的本貌，以及當你敞開心胸、心靈清明覺醒時會如何生活。

你可以想像未來的你既睿智又慈悲，因為這些能力本來就是你的一部分。這絕對不是在欺騙自己，而是審思「智慧之我」或「未來的我」時，召喚你自己的潛力。你愈是多想像自己重視的特質，那些特質就愈能成為生命中實際成形或更易觸及的狀態。

Q 如果 RAIN 對我不管用的話？

A 我們常常讓自己活在持續的恐懼和情緒性反應中，一走就是幾十年，這些痛苦的糾纏需要時間才能鬆開；覺得你做的練習不管用是很正常的！有時也會在練習 RAIN 之後，卻感覺更糟，這是因爲你更深刻感受到舊有習氣的影響力。又或者你可能會卡在某個步驟中：

認出：你可能會覺得很煩躁或迷惑，在你試著停下來，認出內心當下正在做什麼，這時你或許會一直覺得困頓其中和不清晰。

容許：或許你清晰察覺到深沉的羞恥感等，但卻覺得無法容許它的存在。

觀察：你或許碰到煩躁感，你觀察它，結果讓它炸開成了憤怒，被拉入自己的怒火戲碼中；結果是，你沒有完成這個練習，反而把這股怒氣帶入那天的生活中。又或者，你認出焦慮感，容許它呈現片刻，開始觀察，然後又焦慮到決定上網麻痺自己。

愛的滋養：你或許會自我批判和自我厭惡，而無法找到任何方式滋養或療癒那些感覺不被愛的部分。

RAIN 雨後：你覺得自己已經完成 RAIN 的四個步驟，然而試著靜靜安歇在這個與當下同在的覺性時，卻發現自己心神不寧、分心散亂或焦慮不安。

無論遇到哪一種情況，你都可能會下結論說 RAIN 不管用；事實上，即使你又陷入渾然不覺，任何轉向當下覺性的努力都能中斷舊有模式，成爲療癒的幫手。即使你分心散亂，你也可以信任自己正在以某種更有覺知的方式，經歷當下的焦慮感、羞恥感或憤怒感，而這樣的信任，能幫助你再度準備好時拾起練習，並繼續以 RAIN 療癒的過程。

任何療癒和覺醒的修練都需要保持耐心、彈性並願意實驗，RAIN 的練習也是如此。

• 經由老師或治療師的引導來探索 RAIN 的步驟，或是聆聽 RAIN 的禪修引導錄音，可能會有比較豐富的體驗；你也可能會發現，和朋友一起練習時，RAIN 的練習變生動了。（參考本書第三二七頁——RAIN 伙伴）

• 練習 RAIN 之前，睡個好覺最是有益，或者練習前不過度飲食（暴飲暴食、高油高脂、甜食都無益），或者做做運動或禪修都很好。

• 你可能會需要布置某種環境，讓你覺得有安全感。

• 你可能會發現自己的禪修有了某種變化（加長、增強、減弱或淨除了什麼），讓你更能了解自己的內在生命。

若能放下自我批判、保持好奇和興趣，並持續練習，你就會找到最有益於心靈之道的

RAIN 最佳運用方式。

Q 當我失控時，連自己的身分證號碼也不記得，又怎麼可能記得 RAIN 的步驟呢？

A 的確，我們愈糾結在情緒性反應中，就愈記不得解套的方法。以下提供幾個溫馨小提醒，許多人都覺得很能幫助自己直接進入 RAIN 的練習。（這些提醒是從 RAIN 的首二步驟中衍生出來，首二步驟的說明在第二章。）

- 我的內在正在發生什麼事？（認出）
- 我可以陪著它，讓它如實呈現嗎？（容許）
- 我的內在實際上正在經歷什麼？（觀察）
- 我是否可以慈愛地陪著這些經驗發生？（愛的滋養）

每次發現自己迷失或迷惘時，這些提問就可以幫助我們回到正軌。

【第二篇】

讓 RAIN 走進你的內在生命

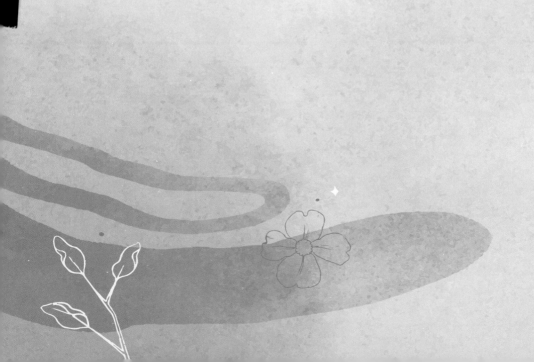

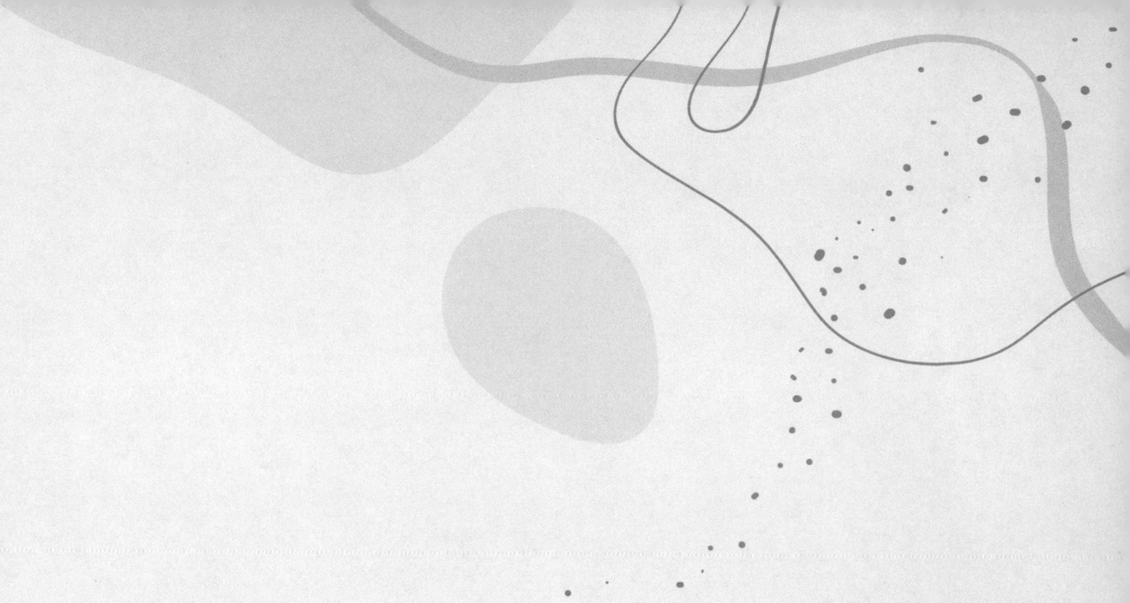

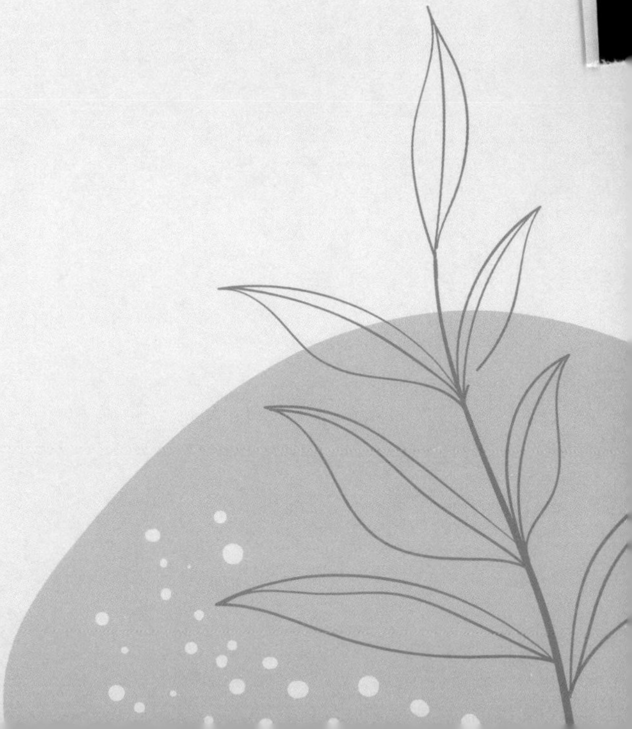

4
釋放負面的自我信念

我們老是覺得失去理智是壞事，

我說，丟掉理智吧！

故意讓它丟失！

在超越念頭和信念的地方，

找到真正的自己。

——弗若妮卡．圖卡列瓦（Vironika Tugaleva）

有一道高牆能阻礙自己看到眞實的純金之心，這道高牆就是：我們老是堅信「我一定有哪裡不對勁」。我在教與「缺乏自我價値感的迷惑」有關的課程時，常常會問學生：「我們爲何如此堅信自己有所不足？爲何對痛苦如此忠心耿耿？爲何如此耽溺於自我批判中？」

儘管我們看似渴望接受和信任自己，但「釋放負面的自我信念」卻感覺像是企圖驅除潛藏體內的魔鬼一樣——從某個角度來說，的確如此。

我們的信念不僅活在心中，也活在潛藏身體內的感受和情緒中，就像有句耳熟能詳的諺語「問題卡在骨肉中」（Our issues are in our tissues.），這些都是我們根深柢固熟悉的信念，這些信念感覺起來就是「我」。我們大部分的信念，根植於童年時期形成的對現實狀況的解讀；我們依靠這些信念，作爲引導和保護自己的機制。這些信念告訴我們「我是誰」，以及對自我、他人和世界的期待與觀感。

最強烈的負面自我信念，從人生早期的恐懼和創傷經驗開始成形。由於求生本能的負面偏差，我們傾向於更快、更容易記得痛苦事件，而不是愉快的事件，我們記得別人的批評多於肯定，記得被狗咬的經驗更甚於美麗的夕陽。如同心理學家瑞克．韓森（Rick Hanson）所說：「人腦，像魔鬼氈緊緊黏住負面經驗，卻又像鐵氟龍不沾鍋，讓正向經驗滑溜而去。」

對這些可能造成威脅的狀態所生的偏執，又是由另一個習性形成，也就是所謂的「確認偏誤」或譯為「驗證性偏誤」（confirmation bias）❶，這種認知習慣導引我們專注在能符合或強化先驗信念（現存信念）的資訊上，特別是針對人生價值觀等爭議性高的主題，結果就是：我們為自己相信的自覺不足或缺陷感建構了無懈可擊的解釋。

我們每天持續那些內在對話，不斷餵養自覺不足或缺陷感。如果好好觀察自己的念頭，應該就會發現那位幕後判官，叨叨絮絮問著：「我表現得如何？」並且譴責達不到理想標準的那些斷層。我們可能也會注意到自己杞人憂天的念頭，老是擔心失敗就在不遠處，或擔心自己會因為某種缺點或瑕疵而被拒絕。

只要不停止這種恐懼導向的思考，這些信念就會持續影響我們。作家卡洛斯．卡斯塔尼達（Carlos Castaneda）曾說，我們自己的世界全靠內心對話而存在，只消停下對自己的喃喃

❶ 摘自維基百科：個人選擇性地回憶、蒐集有利細節，忽略不利或矛盾的資訊，來支持自己已有的想法或假設的趨勢，屬於其中一類認知偏誤和歸納推理中的系統性錯誤。當人們選擇性蒐集或回憶信息時，又或者帶有偏見地解讀信息時，他們便展現了確認偏誤。

自語，這個世界就會改變。

玻里尼西亞有個傳統故事，傳神地說明了被恐懼和自我懷疑牽著鼻子走的代價。久遠的古代，有位尊貴的部落酋長固定會去河邊做蛻皮療法，每次都容光煥發地回到村落；然而某天事情卻有了變化，她蛻下來的舊皮殼未隨河水飄走，而是卡在漂流木之間。那一次回到家時，她女兒嚇到退避三舍，無法接受這個赤裸裸、完全不像媽媽的全新的人。

女酋長想方設法也無法讓女兒平靜下來，最後只好回到河邊，找回舊皮穿上。故事結局說，從那時開始，人類就失去了蛻變復原的能力，失去了盡情生活和盡情去愛的能力，人類成爲無法脫離死亡的凡人，糾纏在害怕失敗的恐懼中，逼得自己非得在瑕疵上疊加層層覆蓋不可。

從缺乏自我價值感的渾然不覺中醒來

我們最難蛻下的舊外皮，就是相信自己總有哪裡不好的核心信念，總是自覺不足或有瑕疵。過去幾十年，我引導禪修學生或心理治療案主的過程中，看過因爲這種信念，導致某些人不再進入親密關係、不斷感到焦慮和抑鬱、爲自己的上癮行爲火上加油，甚至傷害到自己所愛的人。哲學家尼采曾說：「蛻不了皮的蛇，只有死去一途。」只有放下「我就是有哪裡不對勁、不夠好」的信念，我們才會開始茂盛成長。

爲了檢視自我負面信念的鉤纏，我們先掃掠一下生活中某個讓你灰心喪氣的場景，投入一點時間，專注想想是什麼情況讓你感覺如此糟糕。然後，問自己：

我對自己有什麼觀感？是不是覺得自己能力不足？是不是讓他人受到傷害，所以覺得自己很壞？是不是覺得自己被拒於千里之外？是不是覺得自己永遠都得不到夢寐以求的親密關係或成就？是不是覺得沒人愛你？

接著，再問自己：

放下這些信念有錯嗎？或者，**放下這些自我批判有什麼不好**？我在課程中或一對一會談中提出這些問題，聽過以下這些答案：

「這樣我就永遠無法改變，成爲我想成爲的人。」

「我怕這樣我會變得更糟糕。」

「我會失去力量，這樣就不能爲自己做什麼防備保護自己了。」

「別人會更批判我這個人，我會更無法面對他人的批評。」
「這樣我連自己是誰都不知道了。」
「這樣我就不知道怎麼過活了。」

我們一同繼續審視這些信念的過程中，有些人也提到會害怕別人對他們的改變出現什麼反應。就像上面那個故事中，女酋長爲了讓女兒平靜下來，只好回到河邊穿上舊皮，而我們也守著自己的舊皮，以符合他人的期待。習慣這種不圓滿的我，有時其實是某種舒適圈。很多時候，我們是在共同的不安全感之上建立人際關係，我們以一種「自覺不足」或荏弱的角色，發展出依賴性的人際關係。家中最年幼的孩子永遠都是「小孩子」，有嗑藥問題的永遠是「毒蟲」，跋扈激進的就是「老大或大姊頭」——我們的自我認同被他人對我們的既有觀感強化了，又成了他人的共犯，讓自己因循守舊，故步自封；我們寧願守住目前的關係，不願冒險打亂現況。

學生們常會告訴我，他們需要自我批判，如果不記得自己哪裡不好，輪到別人來提醒就不好了。他們說：「我不是唯一一個覺得自己有問題的人，身邊所有人都這樣說。」他們會覺得蛻下那層舊信念的保護皮非常危險，他們不想要被別人說自己毫無覺知。

所以儘管這種負面的自我信念令人深感痛苦，卻往往提供了一種確信感、方向感和控制感，很容易讓我們執迷不悟幾十年，以一種慣性、狹隘的自我批判和出於恐懼的思考，耽溺在無自我價值感之中。負面的自我信念讓我們斷絕了與他人和自己的心靈交流，而且讓我們相信自己不圓滿——這種因渾然不覺而生的痛苦，只有直接打開心房，接納這些痛苦本身，才是脫下舊皮，令自己直接感受自由解脫的開端。

感覺很眞實，卻不是事實

珍妮絲是單親媽媽，她本來是我的好友，後來開始參加我的禪修課程。除了工作繁忙之外，也得在兒子和老爸的需求之間疲於奔命，兒子布魯斯十五歲，深受社交焦慮症所苦，老爸依靠她的來訪陪伴才覺得心安。每週兩次，下班後交通尖峰時間開車四十五分鐘，到老爸居住的輔助生活養老機構探望他，他總是開燈歡迎女兒的到來；每當她站起身要離開時，老爸總是焦急問她下次什麼時候來。她很討厭老爸給她的罪惡感，很討厭爲了老爸得離開工作和兒子，但最討厭的卻是覺得自己心胸狹窄、不夠體恤。

珍妮絲已經開始RAIN的練習，但是到目前為止，嫌惡感仍舊半點也不讓步，於是，有天當我們在散步時，她請我幫忙引導一下。我馬上變身為禪修老師，問她認為自己是什麼樣的人，她想都不想就回我：「那個最重要的東西，我沒有……」然後放棄似地猛搖頭，繼續說：「塔拉，妳知道我在說什麼，我辜負了他們，這樣說實在很糟糕……但我就不是有愛心的人。」

聽到朋友這樣痛苦地自我批判時，我們會想要立馬給他們一些肯定——「妳當然很有愛心呀！記不記得有一次……」但我卻沒這麼做，而是問珍妮絲出乎意料的問題，這個問題來自拜倫．凱蒂（Byron Katie）的書：「這是事實嗎？妳確實辜負了他人，確實不是有愛心的人嗎？」

她不耐地回答：「所有的證據都證明我不是！」

我又問一次：「妳很確定妳辜負了大家，妳確實是個沒什麼愛心的人？千眞萬確？」這次，她緩了一下才回答。

「好吧，其實是**感覺起來**是事實，塔拉，最近我感覺不太像以前的自己……不過，想想也不太確定自己是不是那樣。」我們靜靜散步了一會兒，然後，當我眼光瞥向她時，她看起來陷入了沉思和悲傷，但卻不再那麼冷漠嚴肅。

然後我分享了從我的老師學到的一句話：「感覺很眞實，卻不是事實。」是的，我們的信念或價值觀，以及潛藏其下的感覺，是那麼眞實，它們存在我們體內、心中，對我們影響巨大，但我們必須捫心自問：這些信念和感覺是否符合我們在世間所經驗的實際的、活生生的、不斷變動的狀態？換言之，這些信念和感覺是事實嗎？

我們的念頭就是一些零零碎碎的音聲言語和／或意象，這些在心中形成了我們的實相地圖，有些地圖很實用，比如我可能有個想法是，攝取太多咖啡因時，我就無法好好和他人相處，這個認知就有助於引導我的行爲。有些地圖則是有害的，比如相信如果拒絕朋友，就證明了我很壞。

無論是哪種情況，我們必須了解到，這些想法或信念／價值觀，就像是禪宗所說的「指向月亮的手指」，而不是月亮本身。

接下來這週的禪修課程中（沒有提到珍妮絲），我重新說到這個觀念。我們的信念是如此堅實，因爲我們透過心理、情緒和生理在經驗這些，而它們也對我們的生活造成眞實的影響！印度聖雄甘地曾說，這些信念最終會產生行動，創造出我們的個性，從而形塑了我們的命運；

然而，無論這些信念感覺起來多麼眞實，它們也只是經驗的代表物或象徵而已。

若能體悟到「我不必相信我的念頭……念頭只是念頭罷了！」生命就會有扭轉乾坤的大變化。你想到與自己有關的那些故事情節，完全不是你本來面目的赤裸裸實相，實相是生活中不停發生的各種知覺、你心的柔軟處及當下現在讀到或聽到這些文字言語的心識。然而，正因爲我們的信念不斷篩選和解讀實相，以至於我們竟然把與自己和世界有關的概念戲碼當成了眞正的實相。體悟到「感覺很眞實，卻不是事實」，便能讓我們從這個囚牢中解放。

接下來的幾週，這些課程內容爲珍妮絲創造了微小卻重要的開口，她開始振作起來，也更願意加深專注力。像這樣的案例，我一再地見證過許多。當我們的觀照強到能體認「我不是我的念頭」或「這只是一個信念罷了」，我們與那些內在對話就開始脫鉤了，這給了我們選擇權，讓我們得以醒過來，契入更巨大的覺性中。

透過 RAIN 放下信念

於此階段，RAIN 扮演了關鍵助力的角色，因爲它提供了系統性的方式，幫助我們鬆開根本恐懼之信念的魔爪。珍妮絲和我又約了見面，陪她複習 RAIN 的步驟，她也開始持續每日的練習，有時只做幾分鐘，有時久一些。幾週之後，她向我分享了一個體驗。

某個下午，在爸爸的養老院外停好車之後，她決定先練習 RAIN 幾分鐘再進去看爸爸。她把駕駛座椅背放低，閉上雙眼，問自己：「我的身心正在經歷什麼？」腦海中響起熟悉的聲音，說：「我現在根本不想做這個練習，哪有那麼多時間呀！」她咬緊牙關。想到爸爸的時候，她覺得那只是義務，很抗拒，有罪惡感，緊張不安。

珍妮絲做了掉頭迴轉，將注意力轉向內在，這開啓了接下來的過程：她「認出」了成簇成串的感覺；與其批判自己有這些感受，不如「容許」自己去體驗這些感受有多麼痛苦，不再拒之千里；接著，幾個深呼吸後，她再度向內觀，開始充滿興致地「觀察」，試著更了解正在發生的一切感覺。她溫柔地問自己：「這當中最不好受的是什麼？」她的注意力馬上轉到胸口，感到火熱、緊繃和壓力。「啊！」她對自己說：「我很生氣！」她讓這股怒氣盡情待在那裡，結果這個憤怒開始改變了，逐漸轉變成無力感。她覺得自己根本不可能滿足大家對她的期待——無論是爸爸、兒子或職場，她覺得自己左支右絀，能力不足，一定會辜負大家。現在，隨著無助感接踵而來的是自責：「我就是不喜歡自己！我討厭這個無情、憤怒、心胸狹窄且無助的我！」

「觀察」的過程讓她終於看清楚自己一直逃避看到的：內心深信自己很失敗且無情無義。然後她記起我們一起探索過的提問：「有沒有可能，這些信念感覺很眞實，但卻不是事實？」這樣的提問給了她足夠的空間，讓她得以和正在開展的過程保持同在。

接著，她問：「當我相信這些信念時，內在有什麼體驗？」這時她看到心覺得敏感刺痛、僵硬緊繃，而且充滿了孩童似的無助和羞恥，同時也感受到一陣陣壓抑沉重的疲勞。在碰觸體內因強烈情緒引起痛苦的過程中，她終於意識到這些感受埋藏體內已不知有多久；一種自然的傷感和自我悲憫的反應就此浮現。

珍妮絲終於走到了RAIN的第四步驟「愛的滋養」。她淚眼潸潸，溫柔地、像是對自己的孩子一樣，開始悄聲對自己說：「妳一定很難受，但妳已經盡力了！妳愛爸爸，妳愛布魯斯。現在妳在這裡可以放鬆了，現在陪著爸爸就夠了，愛他就夠了，沒關係的。」

她眞的讓自己放鬆下來，就像是投入睿智又仁慈的父母親懷抱一般。她就這樣又坐了五分鐘左右，讓自己沉浸、安歇在這個嶄新、溫馨又開敞的空間，然後才走進養老院。在門口看進爸爸房間時，他正從午睡中醒來。

爸爸眉開眼笑地歡迎她，說：「我剛剛夢到妳小時候，正騎在羅絲身上呢！」二人都笑了開來，開始分享與羅絲的共同回憶，羅絲是大家寵愛的狗，這個話題又勾起更多美好時光的回憶。珍妮絲要離開之前，向爸爸承諾下次會帶一些已經轉成數位檔的兒時照片。走回車子時，她才發現爸爸這次並沒有問她什麼時候會回來——她「已經」回來了，而且不是孤單一人。

RAIN已經讓珍妮絲與自然且心房敞開的自己重新接軌，但這並不表示她的抗拒或厭惡、罪惡感和負面信念都神奇消失了；RAIN不會是「藥到病除」的體驗，那些根深柢固的信念和感覺會不斷出現，不同的是，在幾週的RAIN練習之後，珍妮絲已經可以看清，那些信念並非事實，她的生活經驗和自身存在感都不必受這些信念局限。

去看爸爸的當晚，就在入睡之前，她想著自己被自覺不足的感受窮追不捨不知多久，然後又問了自己一個問題，這個問題就是之前提到，可以加深「RAIN雨後」的體驗：「我若停止相信這些負面信念就是我，那麼，我是誰？」她得到的回應是一種自然浮現的廣袤、輕鬆、溫暖的感受；然後，她發現自己的心靈超越了任何念頭或信念——對這個境界生起信任，讓珍妮絲獲得了平靜祥和的眞實滋味。

我們的本貌超越信念

儘管需要持續不斷的練習，但RAIN的四個步驟甚至可鬆開畢生堅信的最惡毒信念的魔爪，讓超越狹隘自我認同的解脫自由逐漸揭顯。如果稍加注意「RAIN雨後」的體驗，我們會發現這個解脫自由的兩種根本滋味：

- 第一個面向是佛教心理學說的「無我」或空性的了悟，意指狹隘的自我中心感、自我堅實感或自我恆常感並無真實存在，於是就脫離了常感恐懼、自覺不足或自我獨立存在感的狹隘自我認同。
- 解脫的第二個面向就是了悟到覺性本身的純淨和完滿；我們體驗到，這個廣闊無垠、醒覺又調柔的當下覺性，就是我們的本體核心。

印度靈性導師室利．尼薩加達塔（Sri Nisargadatta）❷的言教，對解脫的根本描述，和上述重點毫無二致：

智慧告訴我，我什麼也不是。
愛告訴我，我是一切。
二者之間，我的生命優游流動。

在「RAIN雨後」的過程中，一個簡單的小提問可以幫助我們體會自身的覺性。就像珍妮絲一樣，你可以問：「我若停止相信這些狹隘局限的信念，那麼，我是誰？」或者：「如果我什麼毛病都沒有，我是誰？」即使只是短暫瞥見「無我」和／或「一體」，都會是千金不換的滋味。

批判自己，批判他人

隨著母親的改變，布魯斯也有了變化。多年來，珍妮絲始終擔憂兒子的社交焦慮症會讓他

❷尼薩加達塔．馬哈拉吉，一八九七年三月出生於孟買附近偏僻鄉下的貧窮家庭，本名為馬魯蒂（Maruti），一位終生幾未走出孟買的文盲小販，操持著粗樸的方言，卻持續用最白話的詮釋、最簡單的方式，喚醒愈來愈多的人真正覺知於真相。（摘自《我是那：一位悟道者生命及行事的獨特證言》）

交不到朋友或影響課業，但是當她開始放過自己個人的失敗感之後，也不再那麼擔憂布魯斯了。現在，晚餐時她竟然開始能欣賞布魯斯的冷笑話，也發現兒子觀察敏銳；晚間在家中辦公室遠遠聽到兒子彈吉他時，她也發現兒子彈得棒極了。她開始對兒子有了信心，相信他會找到自己的路，然後，事情開始有了轉機，兒子開始和班上兩個男同學一起玩音樂，自己似乎也更自在了。

春假期間某天，布魯斯主動要求和她一起去看爺爺，帶了他的新吉他爲爺爺演奏了幾首曲子；這是轉捩點，因爲過去他總是拒絕。從此之後，一直到她父親一年後過世的這段期間，他們會每隔幾週就一起去拜訪爺爺，三人享受彈吉他、唱歌、快樂聊天的時光，這變成了他們的固定聚會。珍妮絲鬆綁自我信念的束縛，直接增加了她生命中所愛之人的幸福。

當我們堅信自己是自私的，也會容易懷疑他人亦是如此；如果憎惡自己欲求不滿，那麼，我們也會排斥或害怕他人的欲求不滿；如果覺得自己快失敗了，我們可能會在親近的人眼中尋找失敗的徵兆，負面的自我信念變成劇烈扭曲的鏡頭，形塑了我們與他人相處的經驗，我們看不清在那裡的到底是誰。

脫掉舊皮讓我們有了嶄新清晰的視野，不僅得以覺知到自心和生命的眞摯和仁慈良善，也更能看到他人純金之心的燦爛閃耀；對根本良善（basic goodness）逐漸加深的信賴，就是練習 RAIN 得到的其中一份大禮。

優雅的冒險（the exquisite risk）

走到這一步，你可能會想：「是的！我很想丟下自己的批判心和失敗感……但……它們是如此冥頑不靈！」

沒錯，「我就是有哪裡不好」的信念是多麼根深柢固，顧及這點也非常重要，以前我曾經感到絕望，這些信念怎會如此深植於心！但當我開始從進化論的角度來思考之後，助益良多。害怕自己有所不足深植在我們善於求生的大腦中，這種機制幾百萬年來形塑了我們的生活經驗，自古以來的恐懼讓我們緊緊抓住負面自我信念的防禦表皮不放；然而，還有一股投向完滿潛力的強烈渴望，讓我們憧憬成為更完滿、智慧、慈悲的存在。

RAIN 注意到且照顧了大腦求生機制的恐懼，把我們引領到覺性線之上，讓我們得以留意到未來的自己的呼喚；不過，這些矛盾衝突的拉扯自然也製造了我們內在的壓力。

當我們蛻下舊皮，鬆開覆蓋著自我確信的防禦外衣，當我們放下對自己和他人的負面信念時，就如同詩人馬克．尼波（Mark Nepo）說的「優雅的冒險」一般；這的確有點冒險，因爲所有的成長過程都一樣，我們必須把自己暴露在未知之中，暴露在某種風險之中，暴露在損失之中；但這又是優雅的行動，因爲生命自然的美、自然的靈敏感性和自然的回應，在這過程中逐漸被喚醒，揭顯而出。

無論是個人或團體的轉化都需要願意冒點險。負面的自我信念會讓我們心胸狹隘、思想局限、停止去感受自心和痛苦；但我們可以把這些視爲「觀察」的來電呼喚，呼喚我們透過 RAIN 的正念和慈悲來一趟優雅的冒險。這麼做的時候，我們就開始發現超越一切念頭或信念的眞正的我，並開始展現自身無限的能力，體現心胸開放的覺性。

禪修：以 RAIN 根除令人苦惱的信念

此版本 RAIN 禪修的「觀察」步驟，特別是爲了卸除和鬆開能導致痛苦的信念的箝制。

以舒服的姿勢坐下，深呼吸幾次讓心專注；花一點時間以意念掃描身體，放鬆任何明顯緊繃的部位。

想起生活中某個讓你痛苦的信念，或者你現在正好很痛苦，問自己：「我現在在想什麼？」是關於自己嗎——覺得自己不值得、很失敗、創傷嚴重到再也不可能感到快樂或被愛、總是自覺不足？腦海中是否響起他人說你「怪胎」「魯蛇」「你從來不信任別人」？

爲了透徹經驗這個信念，你可以想起一個能呈現這個信念的特定情境來提醒自己，某個類似的情境也可以。盡可能把這個情境觀想得很清楚，你看到身邊有什麼？還有誰在那裡？當時你在想什麼？有什麼感受？

認出：你的心念和感受傳達了一個信念，你現在正抱持著什麼信念呢？

容許：停頓一會兒，讓這些信念和隨之而來的感覺自然呈現。

觀察：開始問自己：「這是事實嗎？」或「我很確定這是事實嗎？」

然後問：「用這樣的信念過活是什麼感受？」你可以藉由掉頭迴轉來加深這個觀察，把注意力從念頭迴轉到身體上；有什麼感受和知覺很強烈？有沒有某些情緒和這個信念有關聯？你是否覺得恐懼或羞恥、憤怒或自責？

現在加寬觀察的範圍，問自己：「以此信念過活如何影響了我的生活？」你是否能看到它對你人際關係的相處、你的創造力、服務能力、享受各種經驗的能力和內在成長造成什麼衝擊或影響？

這時，你可以停頓一下，問自己：「坦誠看到、感受此信念如何塑造我的生活之後，有什麼感想呢？」

現在，把注意力轉回身體，觀察潛伏在此信念之下、由此信念驅動的傷痛和恐懼，直接去體驗當下感覺最脆弱之處，問自己：「你最需要什麼？」

愛的滋養：現在，召喚最睿智、最慈悲的自己，未來的你，你的覺醒心，來見證和感受你的脆弱。什麼訊息、觸感、能量或意象最能療癒你內在的傷痛？將它給予自己，讓你的脆弱接受並沐浴在愛的滋養能量中。

RAIN 雨後：注意已開展的當下覺性的特質，安歇在這個覺性的空間中，一會兒後，問自己：「除去負面信念之後，我的生命會如何展開？」也可以再問：「如果我不再用那樣的信念過活，我會變成什麼樣的人？」

無論出現什麼，就安歇在那個經驗中，讓這經驗充盈著你，並試著熟悉它。

問與答

Q 如果這自我負面信念，在我生命中已一再證實是事實，怎麼辦？

A 本質上，強烈的信念直接影響我們的感覺和行爲，從而影響我們生命開展的方式；舉例來說，如果你懷疑自己是否受歡迎、是否會有人愛你，對這點缺乏信心的話，要不然你就是潛意識會挑上不符合你需求的伴侶，要不然就是因爲害怕被拒絕而隱藏自己的脆弱。這樣的信念恰恰爲你鋪陳了下一段失敗的人際關係，讓你困頓在「信念→行爲→失敗→信念」的惡性循環中。

你或許可以問自己：「我眞的那麼確定自己始終會被拒絕？」你眞的如此確定嗎？無論過去有什麼經驗，所謂「神經可塑性」（neuroplasticity），意味著我們擁有改變的潛能；當你鬆開信念的束縛，就創造了空間讓一個不同的未來得以發生。

我們對外在世界的觀感或信念也是如此，或許你深信自己絕不可能親近政治意識形態不同的人，或永遠不可能跟那些人在同一團隊中，爲同一目標而努力；但我們眞的很確定這件事嗎？如果能挑戰這種信念，我們就能在不同團體、種族、性別和宗教之間打開對話，這對於喚醒彼此的慈悲心、療癒這個世界是完全必要的。

在個人生活中，即使只對未來懷抱一丁點開放的心態，也能讓你對這個當下有更多熱誠的探究和溫柔對待，從而觸及製造負面信念的傷口；而照顧這個脆弱之處將能療癒這些信念的根源，讓你得以更有自信、彈性、自由地掌握自己的人際關係。

Q 我把自己的缺點看得很清楚，如果把自己的缺點拋諸腦後，難道不會造成自己更敷衍的心態嗎？

A 每個人都有想要改變的部分性格或自我覆蓋，我們會做出所謂自私、暴躁、上癮、冷漠或疏忽等行爲；是的，根據我們未獲滿足的需求程度有多嚴重，這些行爲可能會傷害自己和他人。我們必須認出這些行爲如何帶來痛苦、在生活中造成自己與他人之間的隔閡。

但是，清晰辨別的智慧與憤怒的批判之間，可是天壤之別；清晰辨別可以告訴我們「當我一味堅持自己的方式，我的伴侶就會退卻，變得冷淡漠然。」但批判卻說「堅持自己的方式代表我很自私，我真是壞人。」批判的想法將我們的根本存在汙名化了。

回想一下第三章提到的黃金佛像，重要的是了解到覆蓋物與黃金之間的差別；你或許做了一些自私的行爲，但是你並非生來自私，你就像我們大部分人，是靈性、覺醒、有愛的生命存在，只是被自私的覆蓋制約罷了。認同這個覆蓋（比如：我是自私的人）只會強化負面的自我信念，遮蓋純金之心。

當你把RAIN直接用在任何過失或瑕疵的經驗上，就會觀察到驅動這些負面信念的內心脆弱處，然後，你將會喚醒自我慈悲的能力，而這自然而然就會鬆開自私等所有箝制著你的覆蓋的魔爪，於是你就能夠蛻下舊皮，更新生命。

5

從羞慚中解放出來

我的愛，把你的唇印在我額上，
在我心中點一盞神性的燈火。

——哈菲茲（Hafiz）〈留神看著〉（Keeping Watch）

幾乎所有的靈修傳統或宗教中，「家」這個字都用來指稱我們覺得相應或歸屬的神聖空間，而長期的羞慚感卻切斷了能賦予生命力的歸屬；它覆蓋了靈性的純金，讓我們遠離自己，也遠離了他人。

並非所有的羞慚都是有毒的。羞慚本身是爲了讓我們生存下來，對於早期人類而言，羞慚感代表著擁有團體的保護。我們的求生大腦傳送的根本訊息是「我做錯了事，如果被發現，大家就會遠離我。」一旦我們的行爲舉止悖離社會規範或基準，我們心裡就會出現羞慚感，羞慚感又帶來恐懼，害怕有人發現而被驅逐。健康的羞慚感或榮譽感能鞭策我們正確改變行爲，以達到修正的目的，從而回歸團體，再度成爲一分子，然後羞慚感消退。

但是，羞慚感也能毒害我們。當它說「我就是哪裡哪裡不好，我這個人就是不對勁。」這不再是一時的短暫情緒，而是認同自己是「壞人」或「能力不足」；我們輕易被負面自我綁架，也容易陷入自我憎惡，以至於覺得不可能去愛自己、關心自己。

因此，本章的重點在於 **RAIN** 的第四步驟「愛的滋養」，以及大家都覺得易於上手的許多創造性方法。我會以《聖經》最爲人所知的有關羞恥的故事，引導大家進入這個領域；這個故事提到了荷蘭畫家林布蘭的畫作，以及一位當代天主教神父的靈性覺醒。

浪子回頭

一位富商有兩個兒子，小兒子請求父親先將他的那一份家產分給他，父親同意了，小兒子離家浪跡天涯，去了另一個國家，每天歌舞笙簫、揮霍度日。然後，飢荒來了，他窮到只能幫人養豬，吃豬食。在飢渴交迫、生活拮据之中，他突然意識到連父親的傭人都比他好命，於是決定返家，請求父親的憐憫。

父親寬容、慈愛地迎接浪子歸來，宴請親友大肆慶祝，令他如釋重負。大兒子看在眼裡很不是滋味，嫉妒且憤怒地質問父親，多年來是他乖乖陪在父親身邊，為何這場歡樂宴會的主角竟然不是他？父親表示，愛是無條件的：「兒子呀，你一直都在我身邊，我的一切都是你的；但是你這個弟弟等於死而復活呀，我們本就應該為失而復得好好慶祝一番！」

林布蘭著名的一幅畫中，描繪了這個返家的浪子，蓬頭垢面，衣衫襤褸，跪在父親面前，蒙羞低頭；老人彎著腰祝福他，充滿力量的左手擱在兒子肩上，擁著他，彷彿說著：「我眼中有你，這就是你的歸屬，我了解真實的你。」老人的右手輕輕放在小兒子背上，安撫他，照顧他，充滿母性的光輝，全然就是智慧和慈悲的實際體現，神聖的陽剛和陰柔。一旁陰暗處，大兒子杵在那裡，一臉厭惡和批判。

擁抱羞慚感的不同面貌

三個世紀之後，這幅畫改變了荷蘭天主教神職人員暨作家盧雲神父（Henri Nouwen）的靈修過程。他的回憶錄《浪子回頭》（*The Return of the Prodigal Son*）提到，他在靈性上的初次體會就是意識到，他對自己的認同完全是畫中小兒子羞慚感的翻版——他也離家試圖尋求心外之物，以填滿靈魂的空缺，比如眾人的肯定、成功、名聲等。不過，深切沉思這幅畫的寓意之後，他有了更深的洞悉：原來自己也是那個大兒子，因爲批判和責怪障礙了自己在家中感受更深靈性的機會。強烈的自我憎惡、憤怒、嫉妒和對他人的抗拒，在在讓他無法接收到父親愛的滋養——一個更巨大的愛之泉源。

最後，坦誠面對內心這些層面之後，浮現的這份悲痛和渴求讓某些東西轉化了——盧雲神父卸下盔甲，敞開心房接受父親的寬恕、慈悲和愛。讓愛進駐之後，他開始從自認瑕疵且分裂的局限自我認同中覺醒，書中寫到：

> 然後，我內在那二個兒子終可逐漸轉化成慈悲的父親。

這個轉化讓我滿足了永不安寧的心中最深的渴望；因爲，世間還有什麼喜悅比得上張開臂膀，讓雙手安息在祝福中，撫慰我那終於返家的遊子？

讓愛進駐

我自己也多次面對大兒子的執念和小兒子的羞慚感。儘管憐憫自己的慈悲心已發芽成長，但仍有許多時候感覺自己和心完全斷離。有一次，我印象特別深刻，因爲那次開啓了一條感受到愛的滋養、讓愛進駐的途徑，那個經驗就此成爲我修行的核心。

約莫八年前的冬天，在一段時間的密集教學和節日家族聚會之後，我進入二週的寂靜閉關。二十四小時之內，我就被罪惡感和悔恨淹沒——我怎麼沒找機會好好跟弟弟談心呢？爲什麼相聚的時刻卻對妹妹口氣那麼不好、不耐煩呢？我的心眞的參與了這場節日聚會，還是身在曹營心在漢？我不斷看到自己是如何輕忽怠慢、自私、心思全被其他事情占據——我又來了，我太了解自己在做什麼，根本又陷入了自我價値感低落的渾然不覺當中。

「夠了，」我告訴自己：「該練習 RAIN 了！」在認出和容許罪惡感的發生之後，我開始觀察這些感受背後的信念，一個個唱名出來：「我應該變得更好、更有愛、更慷慨。」然後，隨著專注力落入體內，在胸口和腹部，我觸碰到了熟悉的下沉感，以及空洞而隱隱作痛的黑暗。

然後我試著給自己一些愛的滋養，我撫著胸口，對自己說一些關愛的言語，但是有一股怒氣仍舊固執己見：「但這樣眞的很不好！我這人不行！自私又冷漠，我不想當這樣的人！」

然後怒氣轉成無力感，我開始啜泣。我恨自己這樣，而且害怕自己本性難移，現在，更深層的一個核心信念浮現：「我很不討人喜歡。」

當我詢問這個自認不討人喜歡的內心深處，到底它需要什麼，倏然間，我發現自己輕聲說出這句話：「請愛我！」我不斷重複，乞求：「請愛我！」

於是我開始覺知到內心深處緊密至親的當下存在——某種包覆著我的情感和光芒的能量場，某種全然溫柔而慈悲的當下覺性。我輕輕點頭頂禮，眉間感受到一個輕吻——那是純淨的接納和關愛所給予的祝福。我內在有某種東西被開啓，整個人沐浴在愛的光芒之中。

那道愛的光芒愈進駐我心，愈多的疏離或分離感就此消逝。無論發生了什麼，外面的風聲、身體的刺痛感、回憶起過世的朋友、因自我批判如此堅固而感到陣陣傷悲……這一切的一切，全都被擁抱在這個光燦而寬廣的心性空間之中。我聽到印度老師的低語：「愛始終愛著你」，心中對於這句話有了分分明明的了然。

自從那個經驗之後，時而遇到困境之際，我就會呼喚內心深處緊密至親的當下覺性，眉間感受到祝福，然後覺得自己被慈悲的雙臂擁抱。但我也學會別等到困境到來才亡羊補牢。現在，無論是收發電郵之間、沐浴時、教學演講之前……有許多時刻我會暫停下來，轉向與當下同在的覺性，讓愛進駐，然後成爲那個愛的能量場。

經由每日重複不斷地練習，這條愛的滋養之道變得愈來愈鮮活、親密和熟悉；愈是沐浴在愛人和被愛的體會或經驗中，這個經驗就愈能融入生活。是的，舊有的心理模式諸如自私、自我批判和恐懼等，想當然耳會一直出現，但是，現在全都被擁抱在這個全然寬容而溫柔的心性空間之中。

力求眞愛和歸屬

羞慚的核心感受是「覺得自己很糟糕」的感覺，伴隨羞惡感而來的就是自我厭惡、恐懼和急於隱藏。我們把自己孤立起來，不再屬於生命循環的一部分。對治羞惡感的解藥就是全然的慈悲，也就是充滿愛的當下覺性，能幫助我們信任自己的歸屬和根本良善。

那個下午，當我呼喊「請愛我」時，並不知道如何稱呼或形容自己正在做的這件事；現在我終於理解，這就是進入內在愛的滋養來源（愛人和被愛）的方法，而這並不是小我的「有所作爲」能達到的。

幼年時期，我們依賴身邊的人作爲愛和關懷的來源，根據發育期心理學家所說，人類與生俱來就有本能迅速內化愛的能力。如果沒出什麼差錯，就會建立起愛、安全感、快樂、歸屬和力量的內在心力資源，讓我們在生活各層面中盡情享用。

但是，此處我們探索的是另一重要事實——即使正向的心理狀態未能及早建立，或即使羞慚等負面情緒讓我們斷離和正向心理狀態的連結，我們仍能找到方法得到愛的滋養，培養出正向的內在心力資源。生活中的任何時刻，我們都可以培養自己進入內在愛和歸屬的體驗。透過 **RAIN** 愛的滋養，我們可以學會信任自己的根本良善。

資源之錨：掌握「愛的滋養」的來源

當我們無法自我慈悲時，就是時候尋找另一個滋養來源了。我們尋找自身之外鮮活的慈愛體驗和典範——對我們而言具有特殊意義的對象，然後呼喚（觀想）這些經驗或對象來滋養我們的心。我把這些稱為「資源之錨」，因為它們能建立和穩定我們正在培養的內在心力資源。

以下是學生分享他們的各種資源之錨：

- 我觀想自己和奶奶坐在她家廚房餐桌邊。我把手放在自己胸口，想像奶奶的慈愛倒進我心懷。
- 我隨身帶著兒子二歲的相片，相片中他把頭枕在家中的黃金獵犬身上。每當心裡覺得卡住時，我就端詳這張照片，感受已忘懷的那份愛。
- 我觀想達賴喇嘛，想像他正慈愛地看顧著我，把我攝受在他心中。

- 我會跟我的狗狗抱在一起，如果她剛好不在我身邊，我就想像每次我到家時她有多麼高興，或想像她睡覺都睡在我腿上的樣子。
- 我會對自己說：「請愛我」，想像樹木、鳥兒、花朵、岩石和所有的生物都對我傳送他們的愛。
- 我想像未來的自己，那個完全無畏、隨和、溫暖、慈悲的我，請求他的幫助。
- 我會呼喚觀音菩薩，代表慈悲的菩薩，觀想自己被祂的光圍繞著，然後祂悲憫慈愛的光芒進入並充盈著我。
- 我會請我的伴侶抱抱我，如果她剛好不在，就想像她擁我入懷。
- 我手上戴著一條青金石念珠，我會把念珠脫下來拿在手上，細細感受每一顆念珠，感受與佛性、慈悲和當下覺性的連結。
- 我輕輕地念誦祖父教我的簡短的猶太祈禱文，它讓我想起了他的愛心和宇宙中的愛。
- 我會躺在草地上，或靠著我家後面的大橡樹，讓廣闊的大地和天空包容

我的傷悲；如果我正好在十二層樓高又沒有對外窗的小臥室中，我就想像這一切。

- 我會把手放在胸口，為自己和他人重複念誦一些慈愛的語句——願我快樂、遠離危難、祥和寧靜；願你快樂、遠離危難、祥和寧靜。
- 我會記起我知道也在經歷相同痛苦的一些人，感受我們同在人性的同溫層中。

客製自己的滋養之道

接下來的幾個章節中，我將說明其他建立內在心力資源的方法，許多方法是以我學生分享的經驗爲基礎；以下有兩個例子，說明了我們與某個看似存在外界的內在心力資源建立關係後，如何爲羞惡感帶來深刻的療癒。

年輕女孩布蘭達戒酒五年之後故態復萌，幸而又恢復神智試圖戒除；但幾個月後，即使有了戒酒無名會同伴的支持，羞慚和自我憎恨卻吞噬著她的心。每次努力想進入自我慈悲的界域，就會撞到憤怒和絕望的高牆。

然後，布蘭達學會了「呼喚未來的自己」，也就是本書第三章說明的禪修方法。她開始建構未來自己的模樣：寬容、睿智、容光煥發的中年女性，在一片美麗的原野中，與她的兩隻愛犬相伴。這個形象成了她的資源之錨和每日練習的一部分，她想像著未來的自己清澈的藍眼睛、溫暖的微笑，感受到內在的從容、舒適、自在。幾週之後，她刻意激起自己的羞惡感和失敗感，請求未來的自己幫助她。她得到了回應，輕聲道：「這個酒癮並不是眞正的妳，妳要信任自己的關愛之心。」一陣溫暖和光芒充盈著，她感受到未來的她已和自己同在，就在她內心。

布蘭達對自己的羞慚和苦澀並非就此消失無蹤，但是約莫六個月的練習之後，她告訴我：「內心有了未來的自己之後，感覺比較像是眞正的我，而我依舊不時編造給自己聽的那些負面戲碼，其實都不是眞正的我。」

尚恩在二〇〇八年經濟衰退時失業了。接下來六個月，他到處找工作，不下數十次地碰一鼻子灰，使得他旋即陷入憂鬱症。當他開始參加我的每週禪修課程時，坦率承認他強烈感到羞慚，也知道自己在孤立自己。他開始嘗試 RAIN 的練習，但老是卡在第四步驟愛的滋養，「我覺得自己是個大魯蛇，根本無法對自己生起一丁點兒的自我慈悲。」他對我這麼說。

我問尙恩身邊是否有某個人關心他、了解他？他想到太太，始終那麼仁慈、充滿愛；但他無法欣然接受太太的寬慰和肯定，他的說法是：「我應該養家，但我卻沒有負起責任。」然後，又靜默了好一會兒，他提到一個長期參加的男性支持團體，我給他的建議是，在這些朋友的實際幫助之外，也可以把這個團體當成他的資源之錨，讓心可以隨時感到有依靠。「試著觀想這些理解你困境的朋友的臉龐，」我建議他，「然後，讓心浸透在他們的關懷和關心之中。」尙恩突然靜默下來。

一會兒之後，我問他有什麼感受。「很難形容，」他說：「不過他們讓我覺得受到尊重，無論我有沒有工作，他們在乎的是我這個人。」他有點哽咽，說：「我們同在一起……心連心，這讓我倍覺溫馨，整個人更有活力了。」

我鼓勵尙恩多注意這個溫馨的心連心感受，讓這感受充滿全身，他終於進入了愛的滋養的療癒過程；現在，每當「RAIN 雨後」，他已經能讓這療癒力更深刻、更內化了。「感覺看看這些感受中，哪些對你而言是重要的，試著存入記憶，」我說：「你愈常想到這些朋友，讓這些感受在內心得到活化，你的內在心力資源就愈能夠在需要之時即時浮現。」

呼喚大地之母：堅牢地神

滋養內在心力資源的途徑中，有一個非常自然且充滿力量的方法，也就是向更巨大的愛的來源尋求幫助，無數人都用過這個方法，包含「準佛陀」（Buddha-to-be）。

第二章分享了佛陀證悟的概況，描述了悉達多王子一整晚在菩提樹下禪修，魔王甚至派遣魔軍前來擾亂，試圖動搖他的決心。現在我想補充一段情節，不僅是佛陀解脫的關鍵，也會是我們解脫的關鍵——悉達多以慈悲和正念面對魔軍的侵擾時，當時的他尚未解脫；當黑夜即將消亡，魔王下了最大的戰帖，嘲諷悉達多，有什麼資格說自己想要證得佛果？換句話說——你這不起眼的小老弟，以爲自己是誰呀？魔王惡狠狠質問悉達多，要他請出證人見證他的覺醒。

悉達多伸出右手，觸碰大地，大地之母堅牢地神❶從地底湧出，鏗鏘有力地說道：「如來成道，我堅牢地神爲證！」大地爲之震動，魔王消失無蹤；黎明曙光乍現時，悉達多證得正等正覺，成爲「佛陀」（覺醒者）。

甚至「準佛陀」都得面對自己對自我價值的質疑和挑戰；呼喚更巨大的能量存在之後，他領悟並確信自己也歸屬一切生命之中，讓自心從懷疑中解脫出來；同理，我們也可以學習他的

「觸碰大地」，呼喚外在愛的滋養之源，也可以培養內在愛與歸屬的心力資源，療癒來自羞惡感的種種傷痛。

禪修：讓愛進駐

以自己覺得舒適的姿勢坐下來，閉上雙眼，花一點時間專注在呼吸上，細細感受身體，刻意放鬆明顯緊張的部位。

想起一個你強烈自我批判或自我憎惡，無法慈悲對待自己的情況，觀想著當時的狀態，提醒自己這個情況中最糟糕的部分，也就是讓你覺得「我就是哪裡很差勁」的部分。

容許自己觸及體內因爲覺得自己很壞、沒人愛或沒價值而自覺脆弱的部位，試著保持開放的心態，感受來自羞惡感的生理知覺，比如刻意注意喉嚨、心口和腹部。你可能會發現，從那

❶地天（梵語：Pṛthvī），又稱堅牢地神、堅牢神、持地神，即主掌大地之神，為漢傳佛教中的二十四諸天，二十諸天與十二天之一，也掌管大地一切大小地神（土地公、地基主）。堅牢地神的形象有男、女二相，根據《大藏經．地神儀軌》記載：「男天肉色。左手持鉢盛華。右手掌向外。女天白肉色。右手抱當心。左亦抱當股。」

些脆弱部位吸氣、呼氣，有助於保持專一的注意力。想像體內這個脆弱部位，有個讓你覺得最舒服、最療癒的愛的滋養之源——是肯定你的良善和價值的某些話語？是一個擁抱？或是某個溫柔寬慰的存在？

現在，感受看看你最希望是滋養之源的對象是誰？誰的愛最讓你感到療癒？誰的關愛最讓你信賴？你可以想像是你的摯友、孩子、狗、樹、祖父母——無論是在世或過世的對象都可以。你也可以想起老師或心靈修持道上的人物，例如佛陀、觀音菩薩、聖母、耶穌等。你也可以感受自己的高我、未來的我或證悟的我的無形存在。

深入去感受你有多麼渴望被看見、被愛、被擁入懷中。然後心中默念或輕聲地呼喚你選定的愛的滋養之源，你可以說：「請愛我」「請抱抱我」或「拜託照顧我」，輕柔重複最能表達你的渴望的話語。

想像你的願望被聽到了，想像你的脆弱和渴望被那個存在感同身受；如果那個對象有眼睛，那麼，想像他/她以全然的愛看顧著你、接納你、了解你且在乎你。

感受著他們的愛，充滿力量的存在圍繞著你，讓這愛深深透入內心，就像海綿一樣，讓愛進駐。你或許會感覺這份愛像是溫暖的光充滿全身，或可觀想成一股黃金甘露，流入你的空洞和裂縫中，撫慰和療癒著你內在最巨大的創傷。

容許自己沐浴在這份愛之中……向愛交付自己，放手進入更深、更完滿的愛之中……與這份愛的存在融攝成爲一體，成爲小我正在滑流而入的溫柔之田，成爲正在擁抱你的生命的愛的覺性。你愈是熟悉這個心性空間，就愈像是回到家一般。

結束禪修之前，停下來聆聽一會兒，這個心性空間是否發出了什麼值得記住或讓你覺得很重要的訊息？

問與答

Q 陷入羞惡感時，怎麼找到自我關愛的慈悲呢？我已經練習到第四個步驟「愛的滋養」，但我根本不覺得自己值得任何關愛。經歷這些步驟，只是更凸顯了我認為自己有多麼糟糕。

A 你說的其實很有道理，當我們與自己交戰時，整個心態和生理反應都與自我慈悲恰好相反；在這個狀態下，我們應該如何開始轉化呢？心開始軟化的關鍵點，恰恰在於加深注意力去覺知內在的痛苦；然而相反的是，我們卻時常批判自己的感覺，想著：「我不該對自己的狀態感到羞慚或憤怒，也不該害怕別人怎麼看待我！」我們會比較自己和他人的境遇，然後告訴自己：「他們的境遇還比我更糟呢！」然後就覺得自己不值得被關懷。

「從腳下開始」很有幫助，這意思是，重新開始RAIN的步驟，認出和容許覺得自己很糟糕的感覺，然後進行觀察，留意陷入羞慚這種不悅的感覺時，體內有什麼感受。你可能也會覺察到自己這樣生活多久了——長久以來始終相信自己哪裡不好，自己不值得被關懷，而這又如何阻礙你盡情生活。好好與這個羞慚的痛苦接軌，充分感受它一會兒，看看它如何影響你的身、心、靈；當你可以對自己坦誠說出：「喔，這眞的好痛苦……我覺得很痛心……」此時此際，傷悲和自我關愛的慈悲便會自然浮現。

Q 如果找不到任何更巨大的愛的肯定之源，怎麼辦呢？

A 深感疏離和羞慚時，大部分人都難以相信世間眞有「愛」的存在，尤其是生命早期未得到足夠的關愛照料，更糟的是甚至被忽視或虐待；儘管這種狀態下，需要更長的歲月方能發展出可靠的內在心力資源途徑，但慶幸的是，這確實是可觸及的目標。我見證過數以千計各種成長背景的人，深受情緒煩惱之苦，最後各自尋獲愛的滋養之源。

有個訣竅有助於回溯愛的源頭，也就是尋找所謂的「愛之蔓鬚」，或許某段人際關係你並不覺得全都充滿溫馨的愛，但可以感受到某種關愛的潛質或種子，而你願意細細去體會。練習上述「讓愛進駐」的禪修方法時，要多點創意的思考，盡可能在這個活生生的世界中，尋找任何一丁點共鳴的感受。

透過不斷地練習，就能夠壯大愛的蔓鬚，讓它成爲愛的連結的重要途徑。即使只是找到一小穗愛之蔓鬚，停下來，讓它慢慢透入你的心，充滿你的心……讓它自由自在地呈現自己，至少用十五到三十秒的時間去熟悉它。

最後，要固定地重複練習，你的愛之蔓鬚就會長出許多新芽，假以時日，將會綻放愛的花朵，散發芬芳宜人的花香。

Q 身邊有人在傳達某種訊息……說我真的需要看看自己的缺點，我怎麼知道他們說的不對呢？

A 別人試圖告知我們所作所爲對他們（或對我們自己）造成什麼影響，不同於那些說「你這麼做就表示你是個糟糕的人」的訊息，我們必須清楚分辨此二者之間的差別，這點非常重要。例如，聽到對方說「你的批判和怒氣讓我覺得很沒安全感」，或許讓我們覺得不太舒服，但這可能是極有用的資訊，接受他人的反饋才能有所成長；然而，暗指我們根本上就很差勁的訊息，卻不是事實。

我們要對自己堅定承諾，不去相信指稱我們很惡劣的訊息。如果某個訊息讓你覺得羞慚，就要回憶起第四章提過的「很眞實，但不是事實」，羞惡感或許感覺起來很眞實，但是羞惡感並不能代表眞正的你。要以自我關愛的慈悲心來接觸自己的內在；也可以想起愛你的人，感受他們正慈愛地擁抱著你。要記得自己的根本良善，讓最深的初心如實呈現，信賴自己的覺醒心。

我們身處同溫層中，因爲最陰險狡詐的負面訊息，其實是根植於社會中的負面訊息。各種文化都圍繞著好壞、對錯、高尚低劣的戲碼而建構，這些價值觀在我們所有人內心激起不同程度的羞惡感，這些戲碼也恰恰對準了我們對待彼此的方式、收入高低、消費方式、身材、表達創造力的方式、心靈或宗教信念、性別和膚色等。社會建構的羞惡感在人類早期部落中強化了凝聚力，扮演了人類進化史重要的角色，直到今日，這仍會警告我們，讓我們對威脅自身歸屬的事物做出反應；然而，這種機制也造成了巨大的陰影，種種社會訊息——例如三從四德的女性角色和言行舉止、人類膚色的低等社會地位、非異性戀傾向是不自然的……諸如此類，不斷導致可怕的羞惡感、排擠壓迫、不公不義和各種痛苦。我們會在第三篇深入探討這個部分，但總之千萬要記得，在「你就是有哪裡不好」的訊息背後，往往暗藏著不見天日、可恥而有毒的社會故事。

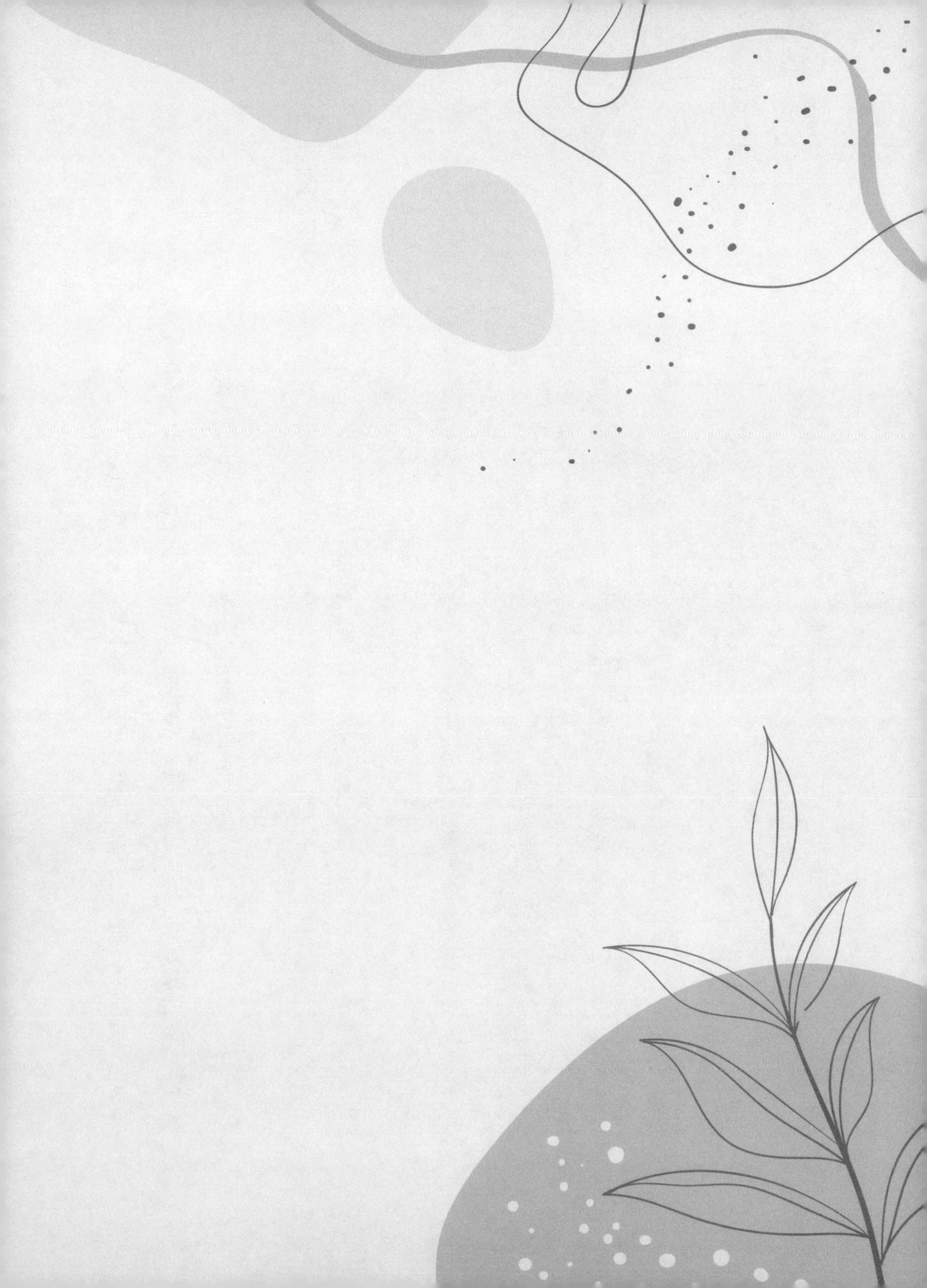

6
從恐懼的攫爪中覺醒

我們不是適者生存的存活者，

而是因爲受到滋養而生生不息。

——路易斯·柯佐里諾（Louis Cozolino）

相傳在遙遠的國度，有位具大神通力的聖者，能治癒世上任何最嚴峻的痛苦，這消息傳到了各地，但要前往他在荒山野嶺的庇護所，接受他的療癒，卻必須千里迢迢穿越濃密的森林，翻越險峻的高山古道。一群人堅毅不屈，克服萬難，終於抵達聖者簡陋的小屋，不但筋疲力盡，而且灰頭土臉，全身汗穢不堪。聖者引導他們到清澈的小溪邊盥洗之後，奉上熱茶，請大家坐下來，靜靜地凝望棕櫚樹和天空。終於，聖者開口了，卻是要他們發誓保守祕密，不准告訴外人隘口周圍的地形概況；大家都發誓之後，聖者只問了一個問題：「你最不願意經歷的感覺是什麼？」

因抗拒恐懼而受苦

如果你正困頓在情緒痛苦中，可能會覺得聖者的問題很令人迷惑，或冷不防覺得厭煩受挫；但如果再仔細檢視一下，你可能會發現，包覆在痛苦周圍的抗拒感，那個實際上「對恐懼感到害怕」的感受，把痛苦緊緊鎖住了。

尤其恐懼感很強烈時，我們會害怕淹沒其中而被徹底擊潰，因此，在不同程度上，負責求生的原生腦促使我們切斷身體對原始情緒能量的感受連結，以至於最後埋葬或麻痺了自己的感受，並讓自己專注於其他念頭；然而，當我們把自己從恐懼和其他痛苦情緒的身邊拉開時，也拉開了自己的智慧、創造力和愛人的能力。

有時，我們的「不願意感覺自己的感受」，會呈現爲憂鬱的狀態。有時則顯現爲長期的焦慮或暴躁，伴隨著肌肉和姿勢的緊繃，我稱之爲「戰士之姿」。有時則會呈現爲寂寞、心神不寧、無聊厭倦或重複某種制式行爲，而這往往表現爲某種上癮性的行爲。

無論是哪種表現，抗拒恐懼感讓我們陷入渾然不覺當中。

還記得第一章談到的覺性圈圈嗎？覺性線以上屬於有覺性的狀態，覺性線以下則不是。當我們抗拒恐懼感的發生，我們一部分活在覺性線以下——認同恐懼的侵犯，切斷與完滿的清明心和當下覺性的連結，那沒有被感覺到的、未經處理的恐懼，在覺性之外運作著，形塑了我們的信念、決策和行爲。我們抗拒的這份恐懼就這麼控制著、束縛著我們的生活。

有個朋友分享了她的故事：她兒子六歲時，不斷重複同一個惡夢，夢中怪獸在背後追趕著他，怪獸又大又黑，無論他跑得再快，怪獸始終都緊追在後。這個夢魘如此可怕且時常出現，以至於最後他根本害怕入睡。某晚入睡前，他媽媽握著他的手，說：「知道嗎？今晚如果怪獸再出現，你可以試試一個新方法，不要轉頭就跑，而是轉過身來看清楚怪獸的模樣，這樣你就可以告訴我牠長什麼樣了了。好嗎？」第二天一大早，兒子興奮地跑進她房裡，說他轉身面對了怪獸……結果怪獸根本不是眞的！那只是他最喜歡的電玩遊戲中一個身形高大的壞人而已，當他直視對方的臉，對方就消失了。

你或許會說：「面對想像出來的怪獸，看到牠消失當然不難，但如果是眞實的危險呢？」其實，無論是否牽涉到眞實的風險，面對、直接感受恐懼的情緒經驗，能讓我們超越覺性線，契入自身自然的滋養之源。這能召喚我們的理智和清明心、勇氣和慈悲心。一味逃避只會放大無力感和恐懼感罷了。

由於我們逃避恐懼的方式是一種慣性，而且大多都是無意識的，因此，轉過身來面對恐懼會需要動力和當下的覺性。**RAIN** 就是能幫助我們掉頭迴轉——「認出」並「容許」恐懼感的存在，然後加深當下覺性而使恐懼減低影響力。透過不斷地練習，我們會發現，消弭了抗拒感之後，魔軍也自然消失無蹤。或許恐懼還會再度來襲，但我們已提升到覺性線之上，重新連結這更爲巨大的當下覺性和自我慈悲的心性空間。

透過 RAIN，轉身面對恐懼

經過一整天的 RAIN 課程活動和精神壓力，碧雅娜來找我，請我幫忙解析她的個人狀況。她最近剛獲聘爲大型企業的行銷副總監，但面對公司的執行長時，她著實感到膽怯害怕，執行長如果覺得對方「在浪費他的時間」，就會很快打斷對方的談話。每週會議都由他主持，碧雅娜形容會議過程簡直是「酷刑」，因爲每次都讓她陷入「腦急凍」的一片空白，「我根本不需要擔心自己的能力，」她說：「我會獲聘正是因爲上一份工作中，我獲得了一項企業獎項；但這裡的工作氣氛大不相同，眞的很大企業運作，其他副總監也對我不理不睬。開完會，我回到自己的辦公室總是胃疼，不知自己能在這裡撐多久。妳想 RAIN 幫得了我嗎？」

我建議碧雅娜每次開會前先練習 RAIN 幾分鐘，問自己當下正在經歷什麼。

「那些早晨，我眞的覺得焦慮感不斷攀升，讓我陷入手忙腳亂的忙碌中，要看報告，要標記我可能必須發表意見的內容……但在這樣的心情中，卻一無所成。」

我微微一笑，因爲我也很熟悉這樣的感受。「好，那麼在妳開始 RAIN 的練習之前，先想像自己正按下暫停鍵，把急躁慌亂暫停下來。」

碧雅娜閉上眼睛，想像自己在辦公桌前，就在週會開始的半小時前。「暫停下來時，」我說：「妳首先應該做的是認出焦慮感，並容許它如實呈現。」她點點頭，我補充道：「現在，如果把注意力和關注的焦點放在身體的感受上，妳發現什麼呢？」

開始觀察之後，她咕噥著說：「口乾舌燥……胸口發緊……心臟怦怦跳……喔，還有胃疼。」我建議她把手放在腹部，把呼吸帶到那裡，緩緩地吸氣和呼氣。這能幫助她穩定注意力，並能持續覺察她的恐懼感。

接著我引導她詢問那個恐懼感最需要什麼，一會兒後，她抬頭驚奇地說：「那個恐懼想要被接納……想要覺得自己有歸屬，可以安心待著。」

因此，那個恐懼感需要的滋養就是被接納，而不是被貼標籤說是「錯了」，我問碧雅娜，她自己最睿智、慈愛的部分想要做什麼回應，是否可以找到一種方式承認她自己這個脆弱處？她靜靜坐了一會兒，繼續和緩地呼吸，手放在腹部。然後她點點頭，「我剛送出這個訊息：『沒事……它本來就屬於這裡……』現在感覺好多了，的確比較放鬆了。」

碧雅娜的訊息實在很有療癒力，很有智慧。我們的心就像海洋，有層層疊疊的各種感覺波濤，但這些都歸屬自己，都是自己的一部分。當我們遭遇傷痛和恐懼等困境時，就確認「它本來就屬於這裡」，如此，穿流身心的一切對我們而言，自然會有一種清楚放大而更自在的感受。

從此，參加每週會議之前，碧雅娜就先練習 RAIN：按下暫停鍵之後，認出並容許恐懼感的出現，吸氣時一邊觀察這個恐懼，把手放在她感覺最緊張的部位，然後給予安撫：「沒事，它本來就屬於這裡。」開會期間發現焦慮感攀升，她就深呼吸進入其中，然後傳送相同的訊息。

約莫三個月之後，碧雅娜告訴我新的進度——在執行長身邊時，緊張依舊，但是焦慮感已降低不少，更重要的是，她不再覺得這有什麼大不了的：「焦慮感來襲時，已經不覺得是紅色警報了……我不再認爲問題出在我身上，」她告訴我：「之前我死命抵抗，但是現在就安心讓它待在那裡，接納它之後，似乎融化了腦急凍的空白，眞心覺得得到解脫了。」

碧雅娜終於在職場上體驗到了 RAIN 的豐美果實。當我們覺得困頓、情緒化反應時，焦慮感覺起來完全像是問題出在自己身上——某種對自己的負面註解；RAIN 能夠鬆開對自我的這個認同，讓焦慮從一個定義自我和盤據不放的情緒，轉變爲類似某種熟悉的內心氣象系統，雖然令人感到不快，但不會製造麻煩。

碧雅娜告訴我，她已經約了執行長，向他提出一個風險頗大卻充滿創意的行銷策略，也贏得了他的支持。她也跟辦公室另一頭的一個同事成了朋友，還開始和其他幾個同事混熟了。「而且你知道嗎，」她說：「現在那個焦慮感混著某種實在的興奮，我已經踏出舒適圈，開始成長了。」

當焦慮感來襲，我們不由自主就認定有什麼出了差錯，需要即時反應來保護自己；不過作家馬克．吐溫有句話說：「我的生命從未眞正走到谷底。」透過不斷地練習，我們開始弄懂這個杞人憂天的習慣，這個老是要找什麼來擔心一番的習慣，然後，我們可以對自己說：「這就只是焦慮而已，沒事……它本來就屬於這裡」，然後從跟隨我們一輩子的情緒性反應的模式中，開始解脫出來。

當恐懼讓你覺得「夠了」

儘管碧雅娜的焦慮感造成職場上的失誤，但她仍然有足夠的當下覺性和專注力練習RAIN。不過當恐懼撲天蓋地而來，讓我們驚慌失措或深感無力，那時的確很難契入當下覺性。這時候，試圖掉頭迴轉觀察這個經驗有可能造成二度創傷，或強化恐懼，這時我們被逼到超出自己的「容忍窗」（window of tolerance）外。

「容忍窗」這個術語，是精神病學家暨作家丹尼爾．席格（Daniel Siegel）所創，對任何受到恐懼、憤怒或其他強烈情緒所苦的人而言，是極爲實用的工具。每個人的容忍窗都不同，你肯定注意到自己情緒上的彈性每天都有變化，不同時期也會有所不同——長期壓力下，容忍窗會縮小，而一切順心時，容忍窗則擴大。好消息是，無論正在經歷什麼現況，透過 **RAIN** 的內心練習之後，容忍窗是可以擴大的（容忍窗就是心理學家所說的「影響耐受力」）。不過，有時在「超出容忍窗」時，你可能無法做這個練習。

爲了解釋被情緒淹沒會有什麼狀況，以下我想利用丹尼爾．席格的另一個發明來說明。這是一個大腦原型解析，能幫助我們更容易了解這個複雜的器官和我們對壓力的反應。

掌中腦

在家試試看！舉起手，把拇指放在掌心，其他四指彎曲緊覆拇指上握拳，想像這就是你的大腦，指關節在掌心那一面是你的臉，手背是後腦杓。

現在，再打開手指一下，你的手腕象徵脊柱，掌心下方部分是腦幹，彎曲的拇指是緣腦或稱大腦邊緣系統。腦幹負責基本的生理功能（例如呼吸和心跳）、神經衝動（arousal）和求生反應

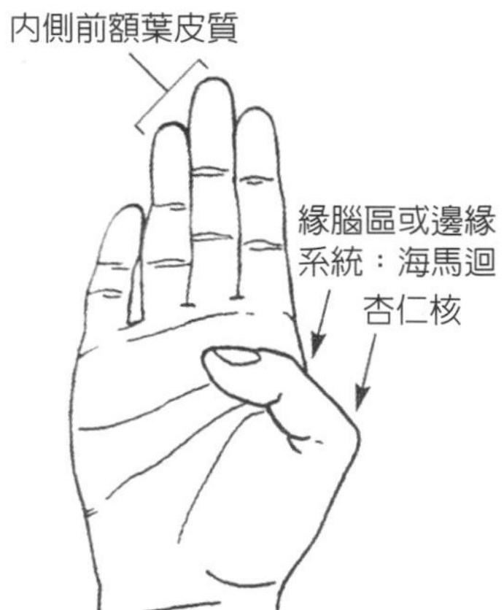

如圖示將拇指放在掌心

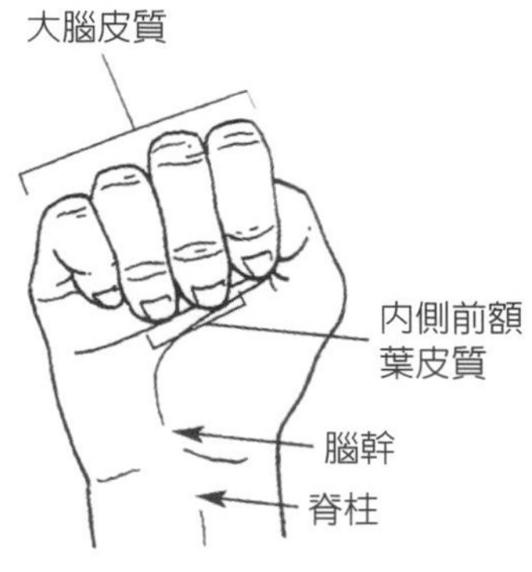

現在把四指彎曲覆蓋拇指上，就像是大腦皮質彎彎覆蓋在大腦的邊緣系統上一般。

比如「戰、逃、僵」的反應（fight-flight-freeze）。緣腦區／大腦邊緣系統在大腦深處，是我們的情緒中心，與腦幹密切合作，促使行為和反應發生；（席格解釋，緣腦區專注在關鍵問題上：這狀況是好？是壞？）它也是形成和儲存記憶的區域，大部分的這類活動都超出我們的覺性之外。

再彎曲四根手指蓋住拇指握拳，這代表大腦最上層的大腦皮質連上線了：大腦皮質是腦部最新進化的部分，它讓我們有空間感和時間感，讓我們得以思考、邏輯分析、計畫和想像。前額葉皮質就在額頭正後方，以拳頭來說明的話，就是從拳頭指節處延伸到指尖的地方，用力把四個指尖壓入手掌，注意觀察指尖處，這象徵著前額葉皮質連結了大腦的所有不同部分；這裡送出和接收引導著生活的各種訊息。內側前額葉皮質（中間二指）則是見證者，它具備正念覺察、同理心和悲天憫人的能力，能強化我們掌握複雜人際關係的能力，它也是能調低或使原始腦的求生反應鎮靜下來的區域。

如果你正處於能迅速恢復的彈性狀態，這時腦中各部位的溝通是暢通良好的（席格博士將這個狀態稱爲「整合」〔integration〕）。比如你正開車送孩子上學，突然有人超車危險切入，你的大腦邊緣系統和腦幹反應之快，在你完全意會到發生什麼事之前，就已經踩了剎車，然後，你開始感覺恐懼和憤怒一波波衝向全身；但此時前額葉皮質又送出一個鎮靜的訊息：「剛剛眞是好險！幸好已經脫離危險。」慢慢地，你開始恢復心情。

但是，假設你已經壓力過大或受到創傷，前額葉皮質有可能無法調低大腦邊緣系統的反應，於是恐懼和憤怒占了上風，你可能會高聲咒罵，嚇壞孩子，更糟的是企圖追上那輛車，超車，然後對那個駕駛比中指。當我們被求生的大腦劫持，很容易傷害自己，也容易傷害他人。

你可以參考這個象徵腦原型的拳頭，「危險！麻煩來了！」的訊息透過腦幹衝向大腦邊緣系統，而由於前額葉皮質（包覆住拇指的四根手指頭）已經壓力爆棚，於是整個崩潰，四根手指頭飛也似地打開，你眞的就「掀了桌子」！這時，你的神經亢奮高昂，讓你完全失去適當的判斷力、同理心、道德分析和其他能讓我們活得有智慧的心理能力。

當我們和自然的正念覺察力與自我關愛的慈悲心脫鉤，我們需要一個能撫慰身心系統的方法，以便重新整合連結。我們需要一個途徑回到能夠整合和彈性恢復的狀態。再強調一次，這時，召喚 RAIN 的第四步驟「愛的滋養」即是療癒自己的關鍵途徑。

恐懼強烈來襲時的滋養

第五章探討了 RAIN 的第四步驟「愛的滋養」如何幫助我們面對羞慚。陷入羞愧的感受時，我們內心最深的需要就是渴望相信自己是被愛的、有價值的。透過 RAIN 的練習，我們學習找到遠比自己更巨大的愛之泉源，這個對象能幫助我們相信自己的根本價值。

當恐懼將我們推出容忍窗外，令我們驚慌失措，惶惶不可終日，此時**我們的立即反應就是想要躲在安全感背後**。在這種情況下，如果想要 RAIN 產生實在的功效，開始練習之前，我們需要有足夠的安全感，能夠眞正處於當下。這就是爲何我常建議第一步先滋養和強化你的內在心力資源之錨。禪修過程中，你也可以隨時停下來，進行愛的滋養。

你可能會納悶：「可是滋養不是 RAIN 的最後一個步驟嗎？」如同我們見過的例子，完整的滋養過程通常是最後一步，排在觀察和直接深入接觸經驗之後；但是，這個隱含在愛的滋養中的自我慈悲，實際上囊括了整個過程。當我們面對創傷或其他強烈的恐懼時，「容許」和「觀察」的步驟或許是不智的，甚至根本做不到。這些時刻，我們必須調換 RAIN 的次序，如果一開頭我們先給予愛的滋養，建立起一定程度的安全感和相連的歸屬感，過程中隨時需要也這麼做的話，RAIN 就有很大的機會展開療癒的效用。

直接趨入愛的滋養的方式之一，是讓注意力專注在身體和呼吸上，本章最後第一五一頁的引導式禪修內容有深入說明。

第二種方法在第五章介紹過，也就是認同和採用一個內在心力資源之錨——任何有助於連結上你最需要的內在心力資源的某句話、形象、對象或姿勢皆可，一旦這支相繫之錨設置妥當，它就能提供迅速直接的契入點，這就是當你徹底跌落覺性線之下所能依靠的。

不過，若是希望在生命中創造長久的不同，光是進入安全感或平靜感之類的心理狀態是不夠的。現在我們知道，可以刻意把這些暫時狀態內化爲個人特性，內化爲自我的永久表現。將暫時狀態轉變爲個人特性的這個過程，就是自我滋養深奧特別的表現。

從暫時狀態到永久特質

回想一下，我們求生的大腦傾向於更迅速記得痛苦的經驗，而非愉悅的經驗，這是我們的負面偏頗習性。即使無法想起痛苦事件的細節（創傷後常見的現象），這些記憶也會沉潛在內隱記憶（implicit memory）中，形塑我們的期待、信念和心情——也就是我們體驗自我和世界的方式；相反地，日常生活中許多正面的經驗卻很快就被拋諸腦後。我們抓住一些重點式高潮不放，比如情緒激昂和意義重大的時刻，但大部分感覺到放鬆、安全、有信賴感、成功和被愛的時刻，我們卻讓它們輕易從指縫溜走。

要將期望的狀態變成個人特性，內化爲生命永久的特質，需要二個基本步驟：一、「獲得那個經驗」。要不就是在它隨時出現時認出它，要不就是刻意以內在心力資源之錨來進行誘發。二、給予那個正向心理狀態和伴隨出現的自我意識充分、持續且全神貫注的關注力，心理學家瑞克．韓森（Rick Hanson）稱爲「置入」。這令正向經驗產生「黏附性」，從而眞正置入長期內隱記憶中，便於在未來取回運用。

以上說明了如何讓原本可能只是暫時的心理狀態，逐漸內化爲個人特質。不斷重複經歷那個經驗，並且充分關注它，使我們重塑了大腦的神經可塑性，在經驗自身和生命的方式上，創造關鍵性的轉化。

沉思：置入正向心理狀態

每當某個正向的心理狀態（比如感覺平靜、自信、愛和安全感的時刻）自然出現，或者蓄意引發這些狀態時，我們就有機會進行置入。只要正向心理狀態一出現，就這麼做：

- 透過刻意的心念、興趣和注意力來維續這個經驗，與這個經驗同在至少十五到三十秒鐘。
- 容許它充盈全身，盡量讓它變得愈大愈好。打開你所有的生理知覺：你正在看什麼？聽什麼？身體是如何在經驗觸感、溫度、能量、動作呢？味覺和嗅覺經驗也是其中一部分嗎？
- 刻意讓此經驗直透到細胞中，方式有點像是光充滿整個房間，或水浸透海綿一樣。感知著你正在讓所感受的經驗進入，這時把自己交付給它，讓它進入你。

- 花點時間針對剛剛這個經驗做一些沉思，回味一下哪些部分讓你覺得很重要或意義重大。

成功「置入」的關鍵在於接納：不斷重複契入這個正向經驗，不斷重複置入。愉悅順心時要練習，暴躁或壓力大時也要練習，每次觸及平靜或得到力量的狀態時，就讓它充滿全身，就這樣靜靜待一會兒。「置入」就是試著去熟悉它，這能讓你在遭遇眞實的困難時，更能立即上手運用。

你練習什麼，它就會茁壯。學習如何將正向狀態轉化爲永久的特質，是你可以送給自己最美好的禮物之一。無論你過去多麼困頓於恐懼或羞慚等情緒中，強化自己的內在心力資源有助於轉化大腦，療癒心靈，提升你的意識。

本章最後的禪修導引「滋養安全感的種子」和「交付出去」，將提供大家直接探索這個技巧的機會。

透過 RAIN 的練習，面對強烈恐懼

泰瑞是老修行人了，但是在女兒梅根染上海洛因毒癮後，泰瑞愈來愈無法在修持中得到撫慰，靜靜坐著反而常常引發難忍的煩躁。

泰瑞決心把女兒救離街頭的過程中，已經花了三年經歷雲霄飛車般起起伏伏的恐懼和憤怒。她花錢給梅根上戒護中心，一個接一個，幫她付房租、心理治療費，努力給梅根找工作，換來的只有謊話連連和一次又一次的故態復萌。梅根有時一失蹤就是好幾週，讓泰瑞陷入恐慌；在外面踢到鐵板後，才又回家乞求媽媽的幫助，發誓這次一定會有所不同。

泰瑞知道這樣做只會讓梅根的上癮行爲不斷上演，但是她也莫可奈何。她時時擔心受怕，生恐某一天會接到殯儀館來電，通知梅根吸毒過量死亡，或者被強暴殺害。

直到閨蜜提醒泰瑞：「妳自己嚴重受創了，妳自己現在就需要照顧」，她才開始心理治療，並且來找我尋求精神上的導引。

我問她，生命中有什麼會讓她覺得相應且平靜，「通常是祈禱，」她回答：「我會向感覺像是宇宙之母的對象——聖母（Divine Mother）祈禱；但是，現在我祈禱時，感覺心像是被埋在恐懼中一般，呼吸困難。」

「現在什麼能幫助你的心呼吸順暢呢？」我問。

泰瑞閉上眼睛一會兒，「如果有人可以分擔我的恐懼的話，」她說，然後望著我微微一笑，「我希望宇宙能幫我承擔恐懼！」

「那我們就這麼做吧！」我說：「這樣好嗎？」她興致勃勃地點了點頭，然後又閉上眼睛。

「現在心裡感受著那股恐懼，巨大的恐懼感，然後，想像妳鄭重地、輕輕把它捧在雙手掌心……接著把它放在聖母的懷抱中，並不是說妳要把它丟棄，比較像是讓更有力量的對象幫妳照料它。看看妳是否可以這樣觀想和感受，也可以試試看真的用雙手把這恐懼捧起來。」

泰瑞輕輕點頭，一邊舉起手，淚珠就不聽使喚沿著臉龐滑落。幾分鐘後，她把手放下來，靜靜坐著：「我可以呼吸了，塔拉！」她說：「我的心在呼吸了！雖然還是有不可思議的沉重和悲傷，但是心裡有了空間……我的心是更巨大的某物的一部分，它在呼吸了。」

泰瑞找到了一個內在心力資源之錨（那個祈禱姿勢的意象和身體感受），能讓她感到輕鬆一點。我鼓勵她再靜坐一會兒，安歇在呼吸中，注意觀察那份平靜進入和充滿自心時，感覺如何。結束會談之前，我建議她把這個過程當作練習的核心——把恐懼交付聖母（她的內在心力資源之錨），然後讓自己沉浸在被擁抱的感受中（將此心理狀態置入）。

當恐懼深植於心，而日常生活的一切又不斷強化它時，你可能需要先花一段時間培養安全感，可能是幾天、幾週或幾個月，然後才完整練習 **RAIN** 的步驟，即使如此，重要的是每當出現「超出負荷」的徵兆時，就暫停下來，進入你的內在心力資源。

幾週後，我和泰瑞見面，這時梅根又離開戒護中心，和母親完全斷絕了聯繫。泰瑞痛不欲生，但這些日子以來她常常祈禱，她說自己已經準備好，可以將 **RAIN** 的正念和慈悲充分運用到自己的經驗上。我提醒她可以隨時向聖母祈求，幫助她承擔恐懼。

練習一開始，她先認出和容許感受到的恐懼和壓力，當她開始進行觀察，問自己：「我心裡在想什麼？」她聽到自己內心說：「我沒有能力掌握女兒的狀態或拯救她。」她停頓一下，我看到她加深了呼吸，「胸腔感受到黑暗的、像猙獰魔爪緊抓的恐懼，」她輕聲說：「我必須在這裡待一下。」過了一會兒，她補充道：「當我感受到聖母幫我承擔恐懼時，真的對我幫助很大。」

泰瑞繼續深呼吸，契入那個強烈的緊繃處，然後，某些東西轉化了。她淚眼汪汪，開始啜泣，然後她躺臥在沙發上蜷曲成胎兒的姿勢，「我可能會失去我的孩子，我根本無能為力。」泰瑞面對了藏在恐懼魔爪中那個「失去」的傷痛。

她讓自己沉浸在深沉的傷痛中，約莫十來分鐘，漸漸安靜下來之後，我問：「那個傷痛最需要什麼？」

她緩緩坐起身來，喃喃說：「現在嗎？需要水和面紙！」她已回到與我同處的現實中。她安頓了一下，然後說：「這個傷痛需要在這裡待著，但是……它實在太巨大了，它需要被宇宙中所有一切的慈愛擁入懷中，就像恐懼一樣，被某種比我更巨大的對象抱在懷裡。」

我再次請泰瑞花一點時間，容許那份傷痛就這麼待著，讓更巨大的對象擁抱它，就這樣安歇在此經驗中。她坐了一會兒，輕輕搖晃著，抱著她自己。然後，她輕輕地捧起兩手手掌，舉起手作獻供狀，點頭敬禮。幾分鐘後，我問她：「容許這份傷痛，並且向廣大的仁慈打開心房，有什麼感覺？」

「像是劇烈的心痛就這麼悠然漂浮在無垠的慈悲大海中……好平靜。」

泰瑞和梅根之間雲霄飛車般的起伏尚未結束，不過她內心的交付讓自己得以更有智慧地回應這些事，儘管女兒的事讓她撕心裂肺，但她已經可以拒絕梅根下一次的苦苦哀求和信誓且旦。得知女兒爲了毒癮而流浪街頭，甚至下海賣身時，這對泰瑞來說更加難受了；但她深深知道自己無法拯救梅根，而是必須打開心房面對自己的恐懼和傷痛，讓這些情緒都可以被擁抱在慈悲的大海中。

泰瑞設下的界線迫使梅根必須做出選擇，她選擇活下去。接下來的四年當中，她開始逐漸擔負起自己的人生責任，慢慢去面對自己逃避已久的惡魔。

我們的無畏之心

我自己的經驗是，恐懼感是不會停止浮現的，我們的生命原本就是不安全的：我們會失去所愛、人際關係會崩毀、工作上會有失敗、身體會死亡、世界會不斷因暴力而劍拔弩張、地球會持續面對毀壞生物系統和滅絕生物種類的各種威脅，而且我們終究對於生和死毫無控制的把握。

然而，如同泰瑞發現的，全然的慈悲心卻有可能自然減緩恐懼的發生。恐懼是時時變化的心理狀態，我們可以透過寬大的溫柔以待來擁抱它，這個寬大的溫柔即是表現我們最深本性的特質。透過 RAIN 的練習，我們得以發掘這個心性空間——遠比畏懼的小我更巨大的愛的存在，此心性空間能容納焦慮或恐懼，而不被盤據或耗竭。

最後一次見到泰瑞，她分享了自己從這些生命起伏中學到的教訓：「我無法控制梅根的生命要怎麼走……她仍有很多巨大的挑戰要面對，我無法為她保證一切都會安然無恙，我能做的就是關心她，盡力幫助她；當我自己感到害怕時，就試著保持當下覺察。如果呼喚聖母，聖母懷中有著足夠的愛和覺性能容納恐懼、容納我的整個生命。」

我們每個人都可以學習如何去滋養自己的內在心力資源，學習如何在面對恐懼時，發掘自己的無畏之心。我們的內在心力資源之錨各有不同，或許是想起值得信賴的朋友或心靈修道上的人物，或許是依靠在大樹上，或許是摸著自己的心口，又或許是握著一顆石頭；然而，若能全神貫注在它們所喚醒的正向心態，我們就直接滋養著能容納我們整個生命的溫柔的當下覺性。

禪修：滋養安全感的種子

藉由禪修來增加內在安全感，主要有三種途徑：專注覺知身體和呼吸、睿智慈悲的訊息，以及心中想起某個人、某個地方、某個活動或某個記憶。

一、身體和呼吸

- 生起覺性察覺身體，並確認自己的坐姿穩定舒適，以此讓自己安定下來。感覺你的背部、臀部、雙腳壓在椅背或地板上，感覺自己的體重和有地心引力的知覺，地面是如何把你撐舉起來。
- 逐一掃描／感覺身體各部位，刻意放鬆你發現緊繃的部位。
- 專注在呼吸上，緩慢地作深長的吸氣、深長的吐氣（吸氣或吐氣約莫各五、六秒）。吸氣和呼氣之間不要停頓，吐氣時放鬆，讓整口氣保持從容自在（這就是所謂的「連貫呼吸」〔coherence breathing〕），這能直接讓身心安定下來。
- 把手輕輕放在你的心口或是腹部，或是臉頰（一隻或二隻手皆可）。

二、睿智慈悲的訊息

- 自我對話，比如「我在這裡，和你在一起。」
- 慈心的祝福／祈禱：「願我遠離內外的傷害，有安全感。」

- 咒語或具有神聖意義的短語，例如：六字大明咒「唵嘛呢叭咪吽」（心一覺醒，即得慈悲之寶）。

三、想起某個人、地方、活動或記憶

要確認哪一種方式可能適合作爲你的資源之錨，請在心情平靜、沒有恐懼時，思惟以下幾個問題，觀照自己的身體，注意看看哪一種最讓你感到平靜自在：

- 誰是你最相應或覺得歸屬的對象呢？誰讓你覺得被關懷、被愛？誰讓你覺得像是回到家一樣平安無害、安全無慮？你可以想想自己的家人、朋友、老師和療癒師等熟識的人，也可以是你覺得相應但素未謀面的人；可以是在世的對象，也可以是已經過世的對象，或是寵物，或像是佛陀、觀音、耶穌等靈性原型人物。
- 最能讓你感覺像回家一般平安無害、安全放鬆或堅強有力的，是什麼時候？哪個地方？此處，你可以思量一下，哪些地方讓你覺得像是庇護所或避風港——在大自然中？教堂或寺廟？家裡？或是某家咖啡廳？

- 哪個活動讓你心裡覺得有安全感或獲得力量？注意一下你從事的活動——幫助他人、游泳、畫畫、舞蹈等，有什麼最能相應你的內在心力資源。
- 過去有什麼事件——某種經驗，會讓你想到你當時感覺強大、安全且有力量？這可能含括在學習、服務或人際關係上有所成就或掌握了什麼的時刻。思考這些問題之後，選定一個目前讓你最有安全感的人物、地方、活動或記憶；這就是你現在的資源之錨，是讓你進入正向狀態的入口。打開你所有的知覺，讓這個資源之錨更加鮮活，以此加深你的專注力；舉例來說，如果你選擇的是讓你覺得「回到家」的人，把此人的形象觀想清楚，貼近一點，提醒自己你們曾交流的言語聲音，並回想一個令你安心的撫觸或眼神。

透過這三種方式的其中之一，進入自己的資源之錨後，注意身體出現什麼生理感受——安適、安心或舒服的感覺。最後以十五到三十秒鐘的時間，置入這些讓你感到安心或有安全感的正向經驗，專注浸淫在這些感受中，讓它們透入內心，充滿自己，然後才結束當次的沉思。

禪修：交付出去

每當發現自己糾結結果會如何，感到擔憂、焦慮時，就探索這個禪修方法。注意觀察把自己的困難交付給巨大的宇宙時，有什麼轉變。

找一個舒適姿勢坐下來，閉上眼睛，刻意放鬆任何明顯緊繃的部位。花一點時間認出和容許任何焦慮或恐懼的經驗，然後進行觀察，也就是先覺察你在想什麼（例如有什麼壞事將要發生），並感受恐懼發生時，身體哪個部位最有感覺。要加深或強化觀察時，直接觸及那些生理感受，打開心房接納。

現在，想起一個仁慈的對象或形而上的對象——神、高靈、宇宙本智、耶穌、佛陀、聖母、大自然等，讓你覺得智慧、慈悲且寬容的對象。

想像把你背負已久的所有恐懼都交付出去——交給這個比你巨大的對象，這個更偉大的生命體，這麼一來，獨自擔憂或背負這份恐懼就再也不是你一個人的「工作」了，你的小我不再是主事者，讓更巨大的對象把這恐懼或憂慮擁入懷中吧！

這樣觀想並真實感受自己把它「交付出去」，你可以試試透過實際的肢體動作這麼做，低下頭，向著天堂捧起手掌。當你不再背負這個沉重的包袱時，有什麼感受呢？

RAIN 雨後：若不再有需解決的問題，這種時刻是什麼感受？看看你是否能放鬆，歇息在這安閒舒適的空間中。

問與答

Q 感到恐懼時，是否一定要完整走過 RAIN 的四個步驟？

A 不一定需要！開始練習的方式有下列幾種：

RAIN 的前二步驟「認出」和「容許」往往能開啟覺察且開放的當下覺性，有助於我們在恐懼（或任何強烈情緒）發生的當時，找到平衡和解脫。換句話說，你可能只需要前面這二個步驟。

也有其他時候，當恐懼極端強烈而你又陷入反射性反應中，「觀察」會有助於揭開層層疊疊的脆弱，而「愛的滋養」則能提供需要的療癒。

最後，之前我也建議過，當恐懼感過於劇烈，你可能會需要先從愛的滋養開始，並建立足夠的安全感，之後才進行 RAIN 的完整步驟。

Q 把恐懼「交付出去」不是削弱了我們的力量嗎？又或是強調了我們自己無力處理自己的恐懼？

A 當我們困頓於恐懼時，代表我們處理不來，我們已經覺得受傷、被恐懼盤據、孤立且脆弱。這是因為我們負責求生的腦部掌控了一切，減少了與前額葉皮質❶的溝通，這是處理邏輯認知、正念和慈悲心的部位。儘管起初看似在把恐懼交付給存在我們自身外界的某對象，但實際上，我們是在運用想像力重新與自己的內在資源接軌，也就是連結上這個暫時被遮蔽的智慧、慈悲和愛。「交付出去」（極類似我們的十二步驟課程中，鼓勵大家練習的「翻轉過來」〔Turning it over〕）可以成為一座堅固有力的橋樑，讓我們回歸自身的完滿聖性。

Q 如何得知自己已超出自己的容忍窗？我知道會有二度創傷的危險，但有時我在想，自己是否只是在逃避不悅的情境而已。

❶大腦處理痛覺經驗的「情緒和認知」區域。

Ⓐ 如果你有創傷後壓力症候群（Post Traumatic Stress Disorder, PTSD）的經驗，比如夢魘、容易受驚嚇、強烈焦慮或恐慌等，那麼，最好先認定情緒不適或「我受夠了」的感覺就是超出了自己的容忍窗；若非如此，你就可以「遊走邊緣」一下，試著與你的不適感相處一會兒，觀照它顯露出來的過程。然後，倘若這個不適感愈來愈劇烈，就將其視爲轉換注意力的信號，轉向內在心力資源來自我撫慰。話說回來，你可能也會發現隨著多加練習，自己開始發展出足夠的平衡和彈性，而能與恐懼共處。當你學會處於當下，逆向操作慣性的逃避，便能夠在壓力之中更覺輕鬆自在，這時就擴大了自己的容忍窗。

Ⓠ **我覺得自己常被恐懼驅使而有反射性的行為，但是當我禪修時，卻又無法在身體中找到那個恐懼。**

Ⓐ 這種現象其實很常見！人類都有強烈的反射反應，會切斷恐懼造成的生理直接經驗，隱退到建立於恐懼上的思考和行爲中；需要透過練習才能刻意打開自己感知恐懼所造成的生理感受。禪修中，當恐懼的念頭生起時，就友善地把注意力帶到你的喉嚨、胸部和腹部，深呼吸到這些部位來幫助你專心。注意觀察任何緊繃、痠痛、熱、壓力或顫抖的生理反應，

邀請恐懼感現身。如果足夠耐心，你就會逐漸熟悉恐懼如何在身體上表現自己；熟悉後，你會發現自己愈來愈不會被恐懼制約。你會更善於回應恐懼，而不是做出反射恐懼的言行。

Q 禪修座上觸及恐懼時，會引發我的創傷後壓力症候群，如果繼續禪修，我怕自己會崩潰，這時應該繼續禪修嗎？

A 如果正在經歷創傷後壓力症候群，那麼比較明智的做法是先培養更強大的內在心力資源，然後才繼續正念和 RAIN 的練習。一旦強化了內在心力資源的運用，你應該會發現自己的容忍窗擴大了。此外，諮詢創傷敏感專業的老師或正念療法的療癒師，討論如何調整你的練習，也會非常有幫助。

要記得，禪修方法百百種，有些方法是直接培養內在平靜與健康的內在心力資源，例如我們可能都聽過慈心禪修、專注出入息（呼吸）或是經行禪修等；這些方法都有助於在遭遇艱困時，保持心理的穩定和輕鬆自在。

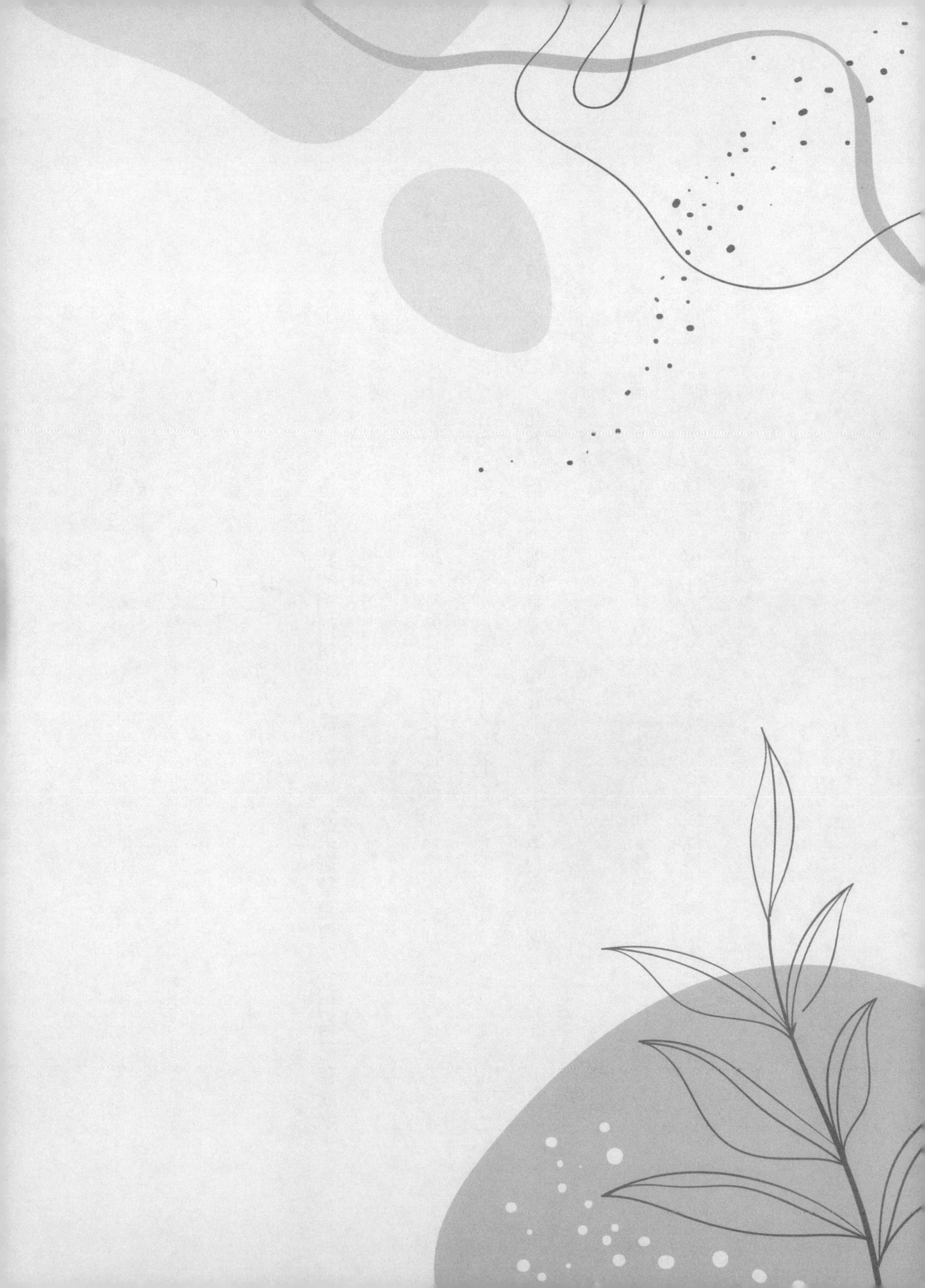

7

探索內心最深的渴望

做著靈魂最深處的我喜愛的事，

人，才得到了自由；

就這麼往內到達最深處的我！

這得費點心力去沉潛。

——大衛．赫伯特．勞倫斯（D.H. Lawrence）

爲了慶祝自己六十歲生日，麥克斯跟著他的伴侶保羅，一同參加了保羅堅持幫他報名的「全然接納」（Radical Acceptance）一日工作坊。「已經六十年，夠了，」保羅說：「你就快到終點線了，沿途風光也沒在欣賞！」

麥克斯是投資顧問公司的老闆，他也大表同意。「我有錯失恐懼症，」我們三人在工作坊休息時間小聊時，他這麼坦承道。看到我揚了揚眉表示疑問，他補充說：「就是害怕遺漏了什麼；如果聽說有什麼新玩意，比如新的運動方式、新款 iPhone、高中同學會或是精彩的生命轉變工作坊……」他誇張地停頓下來，對著我微笑，「我生怕自己不參加的話，會錯過什麼。」

然後他又停頓下來，稍微嚴肅地凝視我，「眞相就是，我很焦慮且永不饜足，上週末保羅問我一個問題，眞心把我問倒了，他問：『要怎樣才叫夠了？』我的生活如此多采多姿，事業成功，美名遠揚，身體健康，伴侶愛我——但怎麼老是覺得不夠呢？」然後又補充道：「我眞正的錯失恐懼症其實是——生命一點一滴從指縫間流失，但我卻可能錯過了眞正重要的東西。」

生怕自己錯過什麼、遺漏什麼，麥克斯和保羅的形容簡略地描繪了許多人的生活——心裡老是覺得時間不夠，彷彿還沒盡情生活就將死去一樣。爲了減緩恐懼，無論是不斷追求感官刺激、下一個情人的愛或是讓自己酩酊大醉，在這些時刻，我們都錯過了當下。我們遠離這個能了悟自我眞正實相、能與他人關愛交流、能聆聽樹間風聲的地方——當下的此時此刻。

禪門曹洞宗詩人良寬和尚寫道：「不求多事方得義」（停止不斷地追求，才能找到眞實的意義），習慣性的欲求讓我們未曾眞正活在當下，如實看到這一切的眞貌——老是要趕往別處，就沒有活在當下此處。

RAIN 能幫助我們從制約生命的各種欲求中解脫出來，本章說明了，第三步驟「觀察」如何揭露未滿足的需求導致了欲求不滿的不健康習慣，以及第四步驟「愛的滋養」如何讓我們連結上內在的完滿和成就。不過，讓我們先看看，使我們老是感覺錯過或遺漏了什麼的共通的條件反射。

遠離了你的星星

英文的欲望（desire）源自拉丁語彙 desiderare，字意爲「錯過」（missing）或「想望（longing），desiderare 的含義是「遠離星辰」。想想看，宇宙的任何一部分都是由星塵構成，而我們自身那顆星星是我們生命活力的來源，它的光芒映射了覺性自身；所有表體（forms）

都從那個源頭出現，當它們覺得與星星分離時，就會覺得痛苦。由此產生了一種憧憬，渴求與之連結，渴求感覺全然活著。欲望原本的預設焦點是愉悅的，因爲愉悅感是這個完滿生命活力的主要生物訊號；這個完滿則包含了安全感、飲食、性愛、自我價值、與他人的關係、心靈領悟等。因此，欲望即是我們的星星在召喚我們回家的能量。

儘管尋求愉悅感可以是全然有益身心健康的事，然而，基本的需求倘若沒有被滿足，欲望的能量就會出問題，而且變得難以掌控。然後，欲望愈來愈激烈，導致我們的專注力變得狹隘，執著更多可得到、可觸及之物。沒有安全感時，我們可能會追求金錢或權力；覺得沒人愛時，我們可能會持續不斷尋求肯定或拚命累積成就，冀望以此贏得關愛。假使我們的需求完全匱乏，執著就會掌握一切，欲望轉變爲迫切的渴求和上癮行爲。

替代品提供了某種暫時的固定樁，讓我們保持定位，但替代品絕不可能發揮正確的作用。我們的種種成就從不會讓自己感覺眞正有價值，金錢或財產不會帶來眞正的安全感，社群媒體縱然有成千上萬關注的網友，也無法讓我們眞正覺得自己是討人喜愛的。所以我們一直覺得缺漏了什麼，持續野心勃勃追求替代品，讓自己和自己的星星——我們的想望之源，漸行漸遠。

沉思：「要是如何，就會怎樣」的心念

當我們追求替代物時，就陷入了大腦邊緣系統（緣腦區）的渾然不覺中。驅趕我們的各種信念和欲求不滿大多是「低於覺性線」，處於有知覺的覺性之外。「觀察」能揭露長期欲求不滿的感受，這種長期的欲求不滿令我們不斷向前追求，相信「要是如何如何，一切就會改觀，生活就會更美好」。

在我們的經驗範圍中，你是否真能確信，如果什麼事發生了，一切就會大為改觀？你是否真能確信，「要是」可以找到靈魂伴侶、「要是」可以有孩子、「要是」可以減重、「要是」可以找到完美工作、「要是」你的青春期孩子考上好大學，你就真的心滿意足？現在，觀察一下「要是如何」這個意念的作用：它如何形塑你的想法、念頭和心情？如何影響你做出生活方向的決定？如何影響你現在享受生命的能力？你是否還在等待美好生活的發生？

試著去察覺在一天的生活中，這個「要是如何，就會怎樣」如何在各種小

地方出現：要是可以睡久一點/晚點出門該有多好，我就可以幫孩子快快完成著裝，路上也不會遇到塞車，可以多喝一杯咖啡，可以把這個工作案子結束，可以幫手機下載最新的升級軟體，可以整理好檔案，可以把那杯紅酒給喝了，可以請人來打掃廚房，晚上可以好好睡一覺。當你真的得到夢寐以求的這些，你可以滿足多久呢？

現在，先停下閱讀本書，檢查當下的「要是如何」的微量訊息。是不是有一種你正在趕往別處的匆匆感呢？是不是有一種不滿足的潛意識感受？是不是感覺當下遺漏或錯過了什麼呢？

這是因爲，替代品絕不可能讓你長久滿足，執著的欲望可以完全接管我們的生活，我們在海面上被拋來丟去，無法沉潛海中——無法潛入最深層的我的純粹渴望。就如同詩人勞倫斯說的「這得費點心力去沉潛」！

以 RAIN 面對錯失恐懼症

麥克斯從我們的工作坊打包回家的美食，就是與未來的他的親密關係。在一次引導禪修座中，他看到更年老的自己在一艘小型帆船上，乘著風，遨遊在清新的湖面。沒有在追趕著什麼，沒有在證明什麼，未來的他傳來了這麼一個訊息：「你可以滿足於你所在的當下。」

這個觀照啓迪了麥克斯，但還是與他現在的眞實生活有著天壤之別。四個月後，他來參加閉關課程，我們決定運用 RAIN 來面對他後來改稱的「我永無止盡的追求」。在之前的靜坐中，他老是心繫新投資案，這令他無法處於當下。我那時建議他先「認出」和「容許」那個執著心，然後掉頭迴轉。「如果把注意力從心繫投資案的念頭上，轉到身體的感受上，這時你發現什麼？」他一一列出：「興奮、貪婪和恐懼。」

進一步深入觀察之後，發現了胸膛感覺發熱、壓力、煩躁的部位，我問他，那個部位怎麼想？他說：「它認爲我如果不採取行動，就會錯過，就會錯失機會。」

「你會錯失什麼？」我問。

麥克斯搖了搖頭，「我也不知道，可能是錢？做善事的機會？履歷表上多一條輝煌的紀錄？」

「眞的嗎？麥克斯，你會錯失什麼重要東西嗎？」

他又搖搖頭，「不會，那只是感覺而已，而且一直都是這樣的感覺……認爲自己若不趕緊行動就會錯失什麼……錯失活力、錯失生活。」

現在他已透過身體的生理感受，眞正接觸到自己五味雜陳的恐懼和渴求，我建議他再次呼喚未來的自己，作爲充滿智慧的愛的滋養來源，「未來的你會如何引導你呢？」

他點點頭，幾分鐘之後，說：「我在那艘帆船上，和未來的自己在一起，但這次感覺很不同，無論風怎麼吹，他積極運用著風力；他就在那個當下，活力十足……意氣風發！」麥克斯微笑起來。

我問：「他有沒有什麼話想告訴你呢？」

「當然有，感覺像是他一手搭著我的肩，說道：『當下此刻，生命已足夠。夫復何求，這就是了！』」然後他睜開眼睛，笑了起來：「就是當下此刻，塔拉……我乘著風……坐在這裡，呼吸著，和妳一起探索這些，感受到流淌在胸膛的暖意，這就是了！」

特別是如果我們一直都在向外追尋什麼，一旦觸及當下此刻正在發生的狀態，我們可能會像麥克斯一樣，發現心裡正經驗著屬於欲望一部分的煩躁、緊繃和恐懼。我們心裡往往有一種「好像錯失了什麼」的碎念，但是，如果不去追求那些我們以為自己想要的人事物，而是停留在當下此處，會發生什麼事呢？如果我們鼓勵自己（就像是把手搭在自己肩膀上）信任「這就是了」，會發生什麼事呢？假以時日，我們會發現自己當下覺性的完滿和活力，隨之而來的就是「感覺心滿意足」的祝福，知道我們夢寐以求的其實已經在當下此處圓滿。我們在著名禪宗詩人良寬和尚的一首詩中，可以心領神會這個精神：「偷兒遺留窗前月。」

有一個重點我們也必須了解，活在當下能讓我們內在得到解脫，但這並不盡然代表外在環境的徹底改變。麥克斯的日常活動差不多一如往常，他不是閒散過活的個性，因此仍舊持續競標高規格的重大合約，贏得專業同事的尊敬。但正如他所說：「我不再覺得那麼焦躁不安或是被緊緊驅策著……有更多時刻，我真正活在當下；但是當我真的開始焦躁，追逐更好的風向，那位老水手就會搭著我的肩，輕聲說：『這就是了！』」

對愛上癮

對治麥克斯的「錯失恐懼症」的解藥，就是學習一再回到當下時刻。然而，有些時候，若沒有去接觸深層赤裸的欲求不滿，我們確實無法掉頭迴轉，回到當下覺性中。我自己的生命中經歷過，也見過無數人欲望如滾雪球般堆積成完全的鬼迷心竅。在這些時刻，我們必須更專心注意驅策著我們的渴望和恐懼心。

大衛在和女友結束六個月煙花般短暫絢爛的戀情後，參加了我們的禪修閉關課程，她的離開讓大衛肝腸寸斷，痛不欲生。他心裡不斷搜索著二人相處的短暫回憶，重複播放激情的片段，回想那些相愛似乎能天長地久的甜蜜時光；他愈是著迷於此，內心的渴求愈是孤注一擲。

我們私下會談時，他表示：「我已失去一生的最愛。朋友們一直說，天涯何處無芳草，下一個情人會更好……但是我不信！我認定她就是我的眞命天女，現在我的一生都毀了！」

我建議我們一起做 **RAIN** 的練習，就從他這個當下開始，大衛顯得有點訝異，吐出這段話：「我坐在那裡，努力靜坐禪修，但滿腦子都想著要打電話給她，跟她親熱、做愛，挽回這段關係。」他說腦海中不斷重播他們最後吵架那一幕，試圖釐清自己究竟哪裡搞砸了。

「你覺知到最清楚的感覺是什麼？」我問。

「渴求、想望，」他說：「強烈到無以復加而無法停止的渴望。」

「看看你是否能夠『認出』這個渴望，並『容許』它待在那裡，不帶任何批判。」他嫌惡地搖了搖頭，「這很難，我覺得自己很失控，這麼渴求她讓我覺得自己很丟臉。」

「我了解，大衛。這是人之常情。看看你是否也可以容許這個來自於渴望的羞惡感，一一把感覺說出來會很有幫助——比如說『渴望、渴望、羞恥、羞恥……』然後停頓下來，給它們一些空間，讓它們暫時先待在那裡。」

一會兒之後，他點點頭，我問：「現在最強烈的情緒是什麼？」

他毫不遲疑地說：「渴望！我身上每個細胞都渴求她回到我身邊。」

「好的，」我說：「接著我們『觀察』這份渴望，試著觀看其中一個夢想，就像是在心靈螢幕上看著它播放一樣。」他閉上眼睛，我等了一會兒，「現在注意看看，當你轉頭不看螢幕時，發生什麼事？身體和心有什麼變化？」片刻之後，我補充道：「那份渴望住在你身體的哪裡？你可以描述它是什麼感覺嗎？」我在鼓勵他做出關鍵性的掉頭迴轉，從念頭轉到感覺上，完全進入這個經驗中。

結果，大衛的渴望竟然像是可怕的魔爪，長長的指甲嵌進他的心，惡狠狠地抓扒著，每次的猛烈拉扯就像是血肉凌遲一般，心如刀割。

接著我們開始進行強化當下覺性的練習，這是透過我稱爲「回溯欲望」（Tracing Back

Desire）的觀察技巧。這個技巧有助於找到未被滿足的欲望，那個欲求不滿的感受，然後，在其中看到助長執著渴望的眞正欲求。

「想像你可以進入那個渴望的能量中，那隻讓你心如刀割的魔爪。」大衛身體向前傾，緊咬牙關，臉部因爲全神貫注的關係而緊繃起來，我等了一會兒才問：「那股渴望的能量到底想要感受到什麼？」

「它想要陪伴……不想落單，不想孤獨一人。」

「好，就這樣待在那個被猛力拉扯的感覺中，」我說：「然後，去感覺……『陪伴』是什麼樣的感受呢？如果它得到『陪伴』，會是什麼樣的感受呢？」

「這樣它就能放鬆……就能放下了，它就會成爲某種東西的一部分。」

「成爲『某種東西的一部分』是什麼感覺呢？會是什麼狀態？」

「這就像是……」他把雙手放在胸口，「像是我心的這個敞開空間……完全活生生的……充滿了溫暖……明亮輕盈。」

「你現在就能感受到嗎？」他點點頭，「這眞是那股渴望能量想要的嗎？還想要其他什麼嗎？」

大衛靜靜不動，然後他輕聲說：「現在這個當下，沒有什麼想要的……」「觀察」能開啟、契入完滿的滋養，就像大衛正安歇在此溫暖明亮的心性空間中。片刻之後，我請他感覺一下自己想要從這個體驗中記得什麼。「就是愛，塔拉……而愛已經在這裡，」他這麼答道。大衛的雙手仍放在心口上，「但我知道我會離開這個房間，幾分鐘或幾小時之內就會忘記這個經驗，又想要跟她在一起。」然後，他輕輕拍著自己的胸膛，說：「無論如何我得設法記得，愛就在這裡。」

會談結束之前，我們談到別去抵抗勢必會再出現的夢想、幻想，我告訴大衛，尋求愛本是根深柢固的人之常情，別因此就批判自己；當我們批判自己的欲望時，便阻礙了到達愛的道路，這條道路其實就埋藏在召喚著我們的憧憬、本具且永恆的愛當中。

執著是壞事嗎？

許多人問我，我們是否應該放下對親密關係的憧憬渴望。他們都聽過「執著」是不健康的，「執著」會阻礙靈性的昇華；然而，尋求充滿滋養的親密關係是自然且健康的。從呱呱落地那一刻開始，我們的身體和大腦就一直在尋求執著點，這是我們人類的求生機制。嬰兒甚至會對一再忽視他們需求的照顧者產生執著。真正的問題在於，如果我們執著的需求在童年沒有被滿足，可能會導致我們緊抓著親密關係不放，又或者反過來拒於千里之外，因此，根本無法建立眞實的關係。而當替代物缺乏之時，我們往往會在許多層面觸及被遺棄的孩子的感受——因爲無法得到撫慰而在夜晚傷心哭泣的孩子。

對大衛而言，激情的性愛又增加了情緒的預支。人類從呱呱落地開始就受生理欲望所苦（也享受著生理欲望之樂），荷爾蒙和其他神經傳導素（neurotransmitter）流竄在體內，驅使神經衝動和神經回應，並製造強烈的記憶印記；部分相同區塊的大腦迴路也牽涉到對鴉片或鎮靜劑等藥物的上癮反應——無怪乎大衛覺得心如刀割，他已經透支了。

這就是爲何大衛學習尋找內在愛的來源的過程，就療癒而言極具關鍵性。當欲望向外攀執，RAIN有助於解除那個執著，關鍵在於掉頭迴轉，進入直接的感受經驗中。執著顯然仍舊會不斷出現，但從此不再掌控我們的生活，不再堵塞愛的流動。我們愈是信任自己內在的愛，就愈能以完滿、自然流露且眞摯的心態，與他人互動、交流。

從欲求不滿到上癮

如果我們對安全感和人際關係最早期的需求沒有被滿足，就容易導致上癮行為。神經科學家的研究記錄了壓力能導致大腦的生理改變，包含降低認識愉悅感的多巴胺受體作用，這令我們更強烈地向外尋求，追尋高強度的報酬，包含性愛、食物、金錢或藥物。就在癮頭受到滿足，讓大腦愉悅中樞得到暫時高潮的同時，多巴胺受體卻會變得愈不敏感，於是需要更多刺激才能得到滿足。戒酒無名會（或稱「匿名戒酒會」）的參與者常會被提醒：「一杯黃湯下肚雖然恍如新生，但那個新生的人卻必須再喝一杯。」

當我們陷入渴求之中，大腦前額葉皮質的活動就會下降，削弱能控制和約束自己的關鍵性思考和能力，讓你感覺自己判若兩人。這是你被大腦邊緣系統綁架了，無法啓動自己更新近進化的大腦。時間久了，構成自我意識的大腦模式變得極端混亂分裂，我們的思考、感覺、決定，以及和他人的互動方式，全都被上癮症狀套牢，於是我們與純金之心（亦即賦予我們的存在活力的那個精神）斷了聯繫。

以愛代替食物

法蘭在協助過量飲食者的匿名戒饞會贊助者推薦下，參加了我們的十二步驟共修團，她和我會談時提到，匿名戒饞會的協助非常有益。她在那裡交到新朋友，聽到他們的內心掙扎，也坦誠分享她自己的心路歷程，這幫助她減輕了過度飲食衝動的羞恥感。但是，每當法蘭面臨重大壓力事件時，還是躲入暴飲暴食的舒適圈中。

她說，自己可能少了某個關鍵元素吧，「相信有更高層次能量體的人，他們孤獨或陷入困境時，總有個庇護所可去，但我沒有。我的贊助者試著在這一點上幫助我，我也可以感覺到宇宙中的確有個比我更巨大的能量體，不過，不是什麼神之類的力量在看顧我就是了。」

法蘭想知道禪修是否能夠給予她內在力量，讓她抵禦過量飲食的衝動。我建議先從 RAIN

開始練習，並問她是否願意回憶最近一次暴飲暴食的場景。

「喔，就是爸爸和繼母要來看我的時候，」她說。法蘭告訴我，她和他們之間的關係很緊張，每次他們來訪都讓她擔憂懼怕，她會早點下班回家打掃房子，開始吃零食，不吃晚餐，然後點心時間就演變成麥片點心和冰淇淋的暴飲暴食派對。

她說，在她把書房布置成客房，開始計畫準備他們愛吃的餐點時，那股焦慮感就升到最高點。我們就從這個場景開始RAIN的練習，當法蘭留意到焦慮感，停頓下來給這股焦慮感一點空間。然後她開始「觀察」，方法是問那個感到焦慮之處有什麼想法，「嗯，他們一定會後悔來我家，他們一定會覺得我的沙發床不舒服，我的廚藝也很差。他們也會拿我跟哥哥姐姐比較，因為他們年收入都超過二十萬美元，也成家立業了，過著健康的傳統生活……」

「好的，我們先慢下來，停一下，」我說：「現在出現的最強烈感受是什麼？」

「焦慮感……但同時……也非常心痛。我在他們心中就是人生失敗組，他們看不起我。」

「當你讓自己感受那份心痛時，身體哪個部位有感覺？」

法蘭把一隻手放在喉嚨上，「在這裡，」她說：「喉嚨覺得被勒住……彷彿我試圖吞下眼淚，連嘴邊的話也吞下去一樣。」

「如果你不再吞下眼淚和話語，會發生什麼事呢？」

「如果我把所有的痛苦都吐出來，大家從此就會遠離我。」她停頓一下，繼續說：「就連我年紀很小的時候，哥哥總是會跟我說：『妳幹嘛動不動就覺得受傷！』」法蘭開始啜泣起來，「我傷心時沒人想跟我在一起！」

「這是事實嗎？」

「嗯……我不想跟自己在一起……我覺得自己像個孩子，這麼玻璃心實在很蠢！」

我請法蘭深入喉嚨那個感覺被勒住的部位，那個年幼易受傷害的地方，「那個部位現在最需要妳做什麼？它想要妳如何陪伴它？」

「它想要我知道它很受傷，想要我關心它，而不是離開它。」

「好，法蘭，現在我們停留在這裡一會兒，讓妳自己從生命中最仁慈智慧的妳的觀點，來看顧那個受傷處，妳會想要如何回應呢？」

法蘭坐直了身子，深呼吸幾次之後，「我眞的很關心年幼的我，眞的……我想要對那個自己保證我不會離開……但我知道我勢必會離開。我不能一直守在那些感覺旁邊。」

「要不要告訴她，妳眞的關心她，就算是困難重重，妳也想要留在她身邊，妳也會盡力這樣做？」

法蘭點點頭。「那個受傷的地方說，這樣就夠了。」過了一會兒，她又說：「我心裡好像有什麼東西解開了……現在只是微微疼痛，但沒那麼受傷了。」

靈魂的破洞

「跟著我一起出生的，是被我稱為『靈魂的破洞』的一種痛苦，來自於我就是不夠好、我就是不值得、你沒有一直關注我、你可能不夠喜歡我的事實。對我們這些有上癮症候群的人而言，復原不僅僅是吃藥或打針，復原也跟心靈有關，端視我們如何面對、處理那個靈魂的破洞。」

——威廉．寇普．摩爾斯（William Cope Moyers）

接下來幾個月，法蘭和我一起做了許多回合的 RAIN。「觀察」的步驟幫助法蘭徹底熟悉了未被滿足的歸屬感的需求——希望被看見、被關心、被陪伴。接觸讓她焦慮感爆棚的「靈魂的破洞」，令她更容易把關愛的訊息傳送給自己。但是在會談之外的時間，當焦慮感升高，成爲難以抗拒的衝動，她就無法保持對那個傷心處的覺知，短暫打斷舊模式一會兒之後，就遁入暴飲暴食之中。

某次她自己練習RAIN禪修之後，這種狀態開始有了轉變。再下一次我們見面時，法蘭告訴我，一位戒饞會朋友沒有邀請她參加會後出遊，讓她覺得很受傷；她的成人心智知道這應該只是一時失察，但是內心那個孩子卻受傷了。通常這時她會回家去，然後「塞飽這個孩子」（這是她自己的形容）；但是這次她卻直接進臥房蜷曲在床上。她伸手碰觸喉嚨，不一會兒開始啜泣。「感覺像是我孤單一人，我好小，沒人在那裡陪我……但同時我又觀照著，我就這麼對這個小女孩打開心房，一聲又一聲輕輕對她說：『我想要陪著妳，我不會離開的。』而且感覺不像是我在細語，而是我的靈魂……那個充滿光芒的當下覺性……正在擁抱她……或者那是我……我也不知道。我只知道這充滿了靈性，超越了那個小我。我想這就是高我的力量吧……甚至所有情緒都沉澱下來時，我還覺得自己在發光。」

你的星星在呼喚

法蘭在「RAIN 雨後」經驗到的發光發亮的體驗，充滿了力量。幾天之內，她就有辦法中斷以往那些能造成危害的故態，她也接受自己有時仍會陷入，知道拓展這條道路其實是一生的努力。但現在她相信自己（加上戒饞會的支持），可以回應內心受傷的自我的需求。在「RAIN 雨後」的過程中，給自己愛的滋養，並維持當下覺性，這能加深她和她認爲是自己的靈魂存在之間的連結。這也轉變了根深柢固且局限的身分認同。法蘭這麼說：「我有上癮行爲，但我不是上癮者……我是更多更大的我。」

從渴望的渾然不覺中醒來，這是一條靈性的道路。當你被欲求不滿驅策，去追求有害的替代品時，你就會和自己的星星漸行漸遠。渴望和上癮的貪戀帶來的痛苦，其實是你的星星在呼喚你覺醒，而 RAIN 可以引導你細心聆聽和回應。你可以學習如何掉頭迴轉，發現你眞正的憧憬，療癒你未被滿足的需求。在 RAIN 全然的慈悲中，你會發現不朽的愛之源，它一直都在呼喚你回家。

禪修：回溯欲望

以舒服的姿勢坐下，深呼吸幾次，釋放壓力，隨著吐氣全然放下。

瀏覽一下你的生活，感覺看看渴望的能量可能在哪裡、透過某種方式控制你，造成你的痛苦。

心中憶起某個通常會激起欲望的情況，或最會刺激你欲望的念頭。盡可能清楚想著這個場景或念頭，這樣才能活生生感受到內在的渴望。

「認出」和「容許」這個渴望待在那裡，如果還看到一層批判（比如：我根本不該這樣感覺），那就看看是否能傳送一個溫和的訊息：這是自然的人之常情，「它本來就屬於這裡。」

「觀察」欲望——如何觀察呢？讓你的肢體姿勢表達這份渴望，或許是身體向前傾、握緊拳頭，去感受當渴望強烈時，臉部是什麼表情。然後把注意力帶到體內：在哪個部位你感受到渴望的能量？你最有感覺的是哪些生理感受？是愉悅的或是不舒服的？有恐懼感嗎？有其他情緒嗎？

現在，繼續觀察，問那個渴望之處：「你現在最夢寐以求的是什麼？」關注？安全感？接納？連結？諒解／理解？愛？仔細傾聽，然後，無論是哪種回應，繼續問：「想像如果得到了這個東西，會賦予你什麼呢？結果會是如何？」

我們往往得重複問好幾次，「想像如果得到了這個東西，會賦予你什麼呢？結果會是如何？」才能觸碰到內在眞正想要的經驗。

每一回都試著在體內感受你當下想要的體驗究竟是什麼，如果你得到夢寐以求的那份愛（或者諒解／理解、連結、憧憬等），究竟會是什麼樣的感受呢？

進行「愛的滋養」時，要容許自己打開心扉接受這個體驗中的美好，讓這份美好充滿自己，讓它直透你的每一個細胞，然後安歇在你所憧憬的那個體驗中。

RAIN 雨後：你可以問自己：「我所憧憬的那個東西，眞的已經在這裡了嗎？」

禪修：我最深切的渴望是什麼？

以舒服的姿勢坐下來，讓自己放輕鬆，自在一點。保持接納敞開的當下覺知，開始覺察自心的狀態；有寬坦開放的感受，或是緊繃感嗎？感覺平靜或焦慮？覺得滿足或欲求不滿？感受心的界域之際，直接把呼吸帶到那裡，如此輕輕地在心中吸氣、吐氣。

開始「觀察」的步驟，問自己：「我心眞正的渴望究竟是什麼？」這樣問也很有幫助：「今生最在乎的是什麼？」或者「如果在生命盡頭回顧一生，我今天、這個當下的生活中，最重要的是什麼？」提出這些問題時，要感受自己確實正在把這些問題直接傳遞給自己的心。

提問之後，就靜靜聆聽，注意是否有任何言語、影像或感覺浮現。要保持耐心，因爲要讓心房打開，走出對生命慣常的觀感，開始連結上最眞實而鮮活的力量，需要一點時間。你可能需要重複提問幾次類似「我的心渴望什麼？」這類問題。然後保持開放的心態靜靜聆聽，一邊聆聽，一邊持續感受體內的感覺，特別是你的心。

你的渴望會在不同時刻以不同方式表達自己，你可能會渴望投入全然的愛，也可能是想要被愛，想要了解眞相，想要平靜，想要有人幫助你，想要免於恐懼和痛苦。渴望沒有所謂的正確或不正確。有時你心中會剛好升起支持那個憧憬的強烈動機，例如你可能會發現自己渴望寫詩、練瑜伽、幫助他人、投入社會活動等。這對深切的渴望有所裨益，能讓我們活得更有創意、慈悲、活力十足，重點是符合此時此刻對你而言最正確、最眞實的狀態。

契入深層渴望的徵兆是一種眞心誠意、簡單純粹、能量或流動的實際感受；有些人形容這是一種內在轉化，他們產生了新的決心、摒棄成見後的開放感和輕鬆自在感。但如果沒有觸及重要元素的眞實感受，也無妨。你可以靜靜坐著，敞開心胸接受心海中浮現的任何場景，或選擇下次再繼續探索這個練習。

RAIN 雨後：你若覺得碰觸到感覺像是純粹的深層渴望時，就容許自己放開一切全然契入；在這個渴望透過身體和你的整個存在表達自己的過程中，眞切感受每個細胞中這個渴望的本質，隨著你覺醒心的召喚去感受這個渴望。

問與答

Q 在追溯欲望時，我一直看到我想要在某人眼中是特別的，這種渴望有錯嗎？如果有錯，我又該何去何從？

A 我們是群居動物，我們的生存和豐盛有部分依賴著他人的滋養。想要覺得與眾不同、想要得到特定的對待、想要某個人成爲伴侶，都是人之常情；然而，這種渴望如果控制了你，就會導致痛苦。我們的注意力變成固著在某個外在資源上，好似自己的本質和所有福樂安康都得依靠某人用特定方式來對待我們。追溯欲望的目的是爲了讓你連結上內在心力資源，以此方式令你的想望驅動自己，但卻不會控制和局限你的生活。

練習追溯欲望，追溯到想要自己在某人眼中是特別的，這時應該加深「觀察」。藉由轉移注意力來掉頭迴轉，把注意力從你渴望的那個人（無論是眞人或是想像的對象）移開，開始想像和探索「想覺得特別」的內在經驗。如果你對某人而言很特別，那會讓你內心有什麼感受呢？溫暖？放鬆？發光？顫動？與一切相融連結？

無論找到什麼正向感受，例如「溫馨且感覺自己活著」，就讓這個感覺充滿你，熟悉這個感覺。這是你眞正想要的，這就是想要覺得特別的實際感受，而它當下此刻就在你內在。好好熟悉並信任這個福樂安康的內在心力資源。你自然也會有一種迫切衝動想要找到那個特別的人，這也沒關係；但若是知道你渴望的也能在內在找到，你就得以在生命中創造出更多的自在、恩典和滿足。

Q 我知道欲望這個概念「是自然的」，但卻對自己強烈貪求食物、性愛或嗑藥高潮的想法感到極端羞恥。

A 大部分人都相信自己應該要有能力控制自己，認爲這些貪求代表著失敗，尤其是付諸行動的時候。這種羞恥感對於我們內心的欲求不滿根本是火上加油，而欲求得不到滿足往往是導致上癮行爲的原因。

自由和解脫的開始，就是爲羞恥感帶上具療癒力的注意力。當我們覺得需求被剝奪，自然就會覺得渴求。如果長時間未進食，身體自然會渴求食物；同理，如果我們缺乏愛、關注和安全感，就會渴望填補世人都有的這些需求，如果這些需求不被滿足，那份渴望就會自己轉移到替代品上，比如食物、性愛或毒品。你的欲求得不到滿足、這些欲求迫使你尋找替代性的滿足，這並不是你的錯。無數世人都有共通的經驗。

當羞恥感浮現時，試著呼喚你的存在中最睿智、最慈愛的你——或許是未來的你，或許是進化的你——通過那悲憫的雙眼去看，告訴你的小我：「這不是你的錯。」或是：「親愛的，你沒事的。」或者：「這些渴望是你的，但是它們並不是全部的你。」然後提醒自己：「其他人也有相同的感覺。」若能把這個慈悲的當下覺性帶到羞恥感上，一遍、一遍又一遍這麼做，假以時日定會鬆開羞恥感的束縛，然後你會發現，自己竟然能夠以一種新鮮又機智的方式來回應這些渴求。

【第三篇】

RAIN 和你的人際關係

8

寬容的 RAIN

我想人們頑固執著仇恨的原因之一，
是因爲他們覺得，一旦沒了仇恨，
他們就會被迫面對痛苦。

——詹姆斯·鮑德溫（James Baldwin）

寬恕不會改變過去，卻能擴展未來。

——保羅·伯恩司（Paul Boese）

我們禪修團體的一位女士告訴我這個故事，她在臨終安養院當義工，和其中一位患者成了朋友。

夏綠蒂經常覺得焦慮或沮喪，愈是接近死亡，就愈安靜不語，因爲她的喉嚨長了腫瘤。某天早上，我一到安養院，就發現她被昨夜的惡夢搞得心煩意亂——她夢見工作人員告訴她，她只剩三天可活。夏綠蒂發出微弱沙啞的聲音，堅持她還沒準備好，她不能死，她還有很多重要的話要告訴丈夫。出乎我意料之外，三天後，夏綠蒂打包行李，準備回家了。工作人員告訴我，她的腫瘤戲劇性地縮小了。

再下一次我回訪時，夏綠蒂又回來住院了。她看起來很平靜，以下是她和我分享的內容，我盡可能逐字逐句轉達我記得的：「這麼多年的相處中，我一直很氣我丈夫，老是數落他。他的工作和網球嗜好總是比我重要，又過於縱容孩子，他總是訴諸理智，卻無法表達自己的感受，也不會修理家裡的用品……太多了，罄竹難書。結婚二十多年之後，他開始跟另一個女人搞曖昧，他很坦率直說了，但保證自己沒有和她上床，但我心裡總有疙瘩。我想那時我就覺得自己是被嫌棄的。即使早些年的關係中，我也無法原諒他不曾讓我覺得自己是他心中那個特別的人，我只看到這個男人老是讓我失望，老是不站在我這邊。我忘了他原本不錯的人品和對我的關心；直到做了那個夢，我才意識到我必須告訴他，我很愛他……我必須告訴他，我這輩子最後悔的就是自己的批判心導致彼此的分裂。我這麼說著，他靜靜聽著，也分享了他後悔的一些事；我們擁抱彼此，雙方都淚眼汪汪，淚珠從臉龐不斷滑下。這麼多年來，這是我們第一次感覺如此親密。現在，我準備好要走了。」

我們無須等到將死之時才讓自心自由，才讓它從厭惡、憤怒和責怪的糾纏中解脫出來。然而，由於這些瞋怒的習性是如此根深柢固，我們的確需要付出刻意的努力才能鬆綁。若不這麼做，我們就會冒險花上幾十年時間，耽溺於這些渾然不覺中，無法親近任何人，無法跟任何人覺得親密，包含我們自己。

沉思：在生命的盡頭

我常常請學生想像他們壽命已盡，回顧自己的一生。這個有力的觀點能幫助我們記得什麼是最重要的，從而認出導致我們彼此分離的習性。

現在，用一點時間去時光旅行，進入未來，想像自己即將步上黃泉路。接著，想像自己回顧一生的歲月，選一段重要的人際關係來思考。這段關係中有開放心、接納心和關愛嗎？又或者因批判、憤怒和責怪而彼此疏遠？倘若這個人此時與你在一起，那麼這個大限到來的觀點會如何引導你？

好好觀察這個令自心困頓的怨恨，如何透過或大或小的方式推動我們，走向寬恕的道路。我們和夏綠蒂一樣，最深切的渴求就是被愛和自由解脫。我們內在有一種智慧，知道應該先消解責怪，然後才能愛上彼此，愛上生命。

健康的憤怒相對於渾然不覺的怪罪

我們都曾被他人傷害過，無論是被忽略、漠視、拒絕、輕蔑等；許多人，包含我們所愛的人，甚至曾經因爲性別、性別認同、種族或宗教而被霸凌或貶抑，遭到社會系統的壓迫排擠。憤怒本身有其智慧，它是一種關鍵性的求生情緒，但我們必須注意它是否驅動著我們的身體，在心中塡滿造惡的故事情節。憤怒警醒我們去整頓自己的能量，以便對抗危害自身安樂的障礙，劃下更適當的界線，保護自己免受身體上的威脅傷害，在我們被消音時表達出自己的需求或觀點。

而在社會層面上，用來回應壓迫行爲的憤怒能強化正義的召喚，然而，正如佛法老師暨作家露斯．金（Ruth King）所言：「憤怒不是轉變後的現象，而是一種原初的能量。」我們必須有智慧地運用這種能量。

話說回來，要是我們腦中怨天尤人的戲碼不斷上演呢？要是我們老是覺得被激怒、老是覺得自己是受害者、老是覺得暴躁生氣，老是把一切過錯歸咎於不同人，包含我們自己呢？

長期的怨天尤人和怨恨厭惡，幾乎可以說是深度局限的渾然不覺的信號，那個「開啓」鍵卡住之後，憤怒就硬化成包覆著心的盔甲；它就像是永遠扒不下來的疥癬，阻礙著覺性的光芒和溫暖療癒我們的傷口。它讓我們因恐懼而投射反應，而不是以智慧來回應自己的處境；它讓我們與他人分裂疏離，一點一滴損害彼此的理解、同理心和親密感。

當我們陷入渾然不覺之中，就變成我朋友形容的「動不動就怪東怪西」。好像熱追蹤導彈，很容易被某種聲調、不經心的閒話或評論、被晾在一旁等候或是不被關注激怒，我們的反應和正在發生的事件不成比例，也會慣性假定別人都在批判我們、占我們便宜、蔑視或拒絕我們。又或者，我們也會慢慢醞釀怨恨，或許是因爲青春期孩子不做家事，又或者伴侶加班過多，這種長期累積的怨恨在不知不覺之中養成，造成看不見的距離，悄悄影響著對彼此的愛和歡喜。

沉思：動不動就怪東怪西

當我們陷入渾然不覺，很容易被各種狀況或相關人士激怒，而且是毫無意識地牽動著我們原本的傷口。要從渾然不覺中醒來，首先必須在陷入時認出它，認出我們的起心動念和感受都在「覺性線」以下的區域活動，遠離了有意識的覺性。

儘管被某些針對我們的行為惹惱或傷害是人之常情，但渾然不覺的怨天尤人卻會造成更劇烈、更痛苦、更持久的反應。問問自己以下這些問題：「我有多常被激怒？」「責怪他人的時候，對他們的觀感是不是以偏概全？」

心中默默問自己這些問題，在他人有以下行為時，注意自己的反應：

- 批評你。
- 不聽你說話或對你的談話不感興趣。
- 說他們太忙了，沒時間見你。
- 不回覆電郵或訊息。
- 讓你失望——幫不上忙或「沒盡到他們的責任」。
- 不對你表達感謝。
- 對你要求太多。
- 不同意你的想法。
- 擁有你想要的東西（健康、工作、家、孩子、伴侶）。
- 總是遲到。

當我們困頓在怒氣和責怪的渾然不覺中，求生的大腦會形塑此經歷的各種層面——身體緊綳，心感到麻木或狹隘，思緒煩亂且死板僵硬。這個渾然不覺的狀態愈厚重，我們就愈不容易進入前額葉皮質，也就是理智、正念和同理心的基地。

如此戲劇性的切斷與整個大腦的連結，能強烈衝擊我們對他人的觀感。我們不再能客觀認知到他人的眞實人性，知道他們就像我們一樣，而是變成了我所說的「不眞實的他人」或「假他」。我們的注意力聚焦在他們的瑕疵、他們與我們的差異上，或者不斷想著他們如何威脅或障礙我們。與此同時，我們的自我感變得狹隘，我們成了「不眞實的我」或「假我」——與受害者的身分產生認同，與我們正義的憤怒產生認同。當注意力光圈縮小成這種狀態，我們就活在覺性線以下，無法感受與他人的連結，也無法對自我感到自在。

不眞實的他人

史戴分是我們華盛頓特區禪修中心的學生，他困頓在與父親的假他關係中已數十年之久。儘管他已清楚看到責怪的盔甲如何封閉了自心，卻又深陷強烈的怨恨和憤怒的困境中。

史戴分在許多方面都像媽媽，是個敏感、充滿藝術氣息的孩子，從年幼時就知道父親對自己失望。爸爸熱愛木工、運動和一切戶外活動，老是一逮到機會就調侃史戴分缺乏運動細胞、害怕攀岩、對修繕工具完全沒興趣。

起初，史戴分拚命想辦法取悅父親，但進入青春期之後，他開始對父親關閉心房，甚至好幾個月都不跟他說話。

這樣的敵意一直持續到史戴分搬離家中。假日家族聚會時，父親似乎總是忍不住要對史戴分奚落一番，嘲笑他連機油也不會換、從來不曾參加過愛國者遊戲、不喜歡大啖牛排，這些傷人的話語刀刀見血，帶來了自卑和自我懷疑的感受，是童年一直折磨到現在的陰影。儘管史戴分和妻子有了孩子之後，這些批判似乎消弭了，但母親過世之後，他們父子間緊張的距離仍舊歹戲拖棚。

然後，就在史戴分參加我們某個一週禪修閉關之前，父親突然心臟病發。他一直都是獨居，但現在被迫搬進輔助生活養老院，無法再開車，失去獨立生活的能力讓他覺得很崩潰。史戴分幫著姐姐做好一切安排，但心裡卻沒有一絲一毫同情或悲憫。姐姐念了他，說：「你小時候，爸的確是個混蛋，但這都過去了。老爸現在活得很辛苦，你什麼時候才要原諒他？等他嚥下最後一口氣嗎？」

史戴分整個人都氣炸了，立馬回她：「他永遠不會知道他造成我多大的痛苦……他不配得到我的原諒！」

史戴分和父親陷入了死硬的僵局，父子倆都綑綁在自己的角色中：一個欲求不得滿足的兒子，一個充滿敵意有失身分的父親，二人都吃了秤砣鐵了心，變成「不眞實的他人」，變成彼此內在電影中的平面角色，而不是擁有對世界的熱愛和關懷、擁有傷痛記憶和安全感的複雜而客觀存在的眞實的人，他們都通過自己那個「假我」的狹隘認同來對待彼此。

沉思：假他和假我

心中想起最近與伴侶、某個朋友或家人的一次衝突事件。現在，把這個事件當成電影來看，播放發生衝突的情節，然後，停在情緒緊繃最高點的畫面上。

在這些時刻中，你的注意力專注在什麼人事物上？某個表現出憤怒或報復心、厭惡或輕蔑的臉部表情？某些表達了這些情緒的話語或聲調？

你是否把這個人視爲一個很壞的「不眞實的他人」？

如果你同理一下他們面臨的挑戰和困難，會發生什麼事呢？他們是不是也覺得受傷、壓力過大、焦慮、心力不足、很氣自己？

如果提醒自己你覺得此人有價値的部分——比如希望他們可以關愛你、體貼幫忙、有創意、認眞待你，那麼，會發生什麼事呢？

現在，把注意力轉回自己身上：

從旁觀者的觀點來看，當你陷入怨天尤人的情境中，你想像自己看起來會是什麼樣子？聽起來是什麼樣子？身體有什麼感覺？你的心有什麼感覺？你是在扮演瞋怒的角色或悲慘受害者的角色？或是扮演自我正義判官？或是扮演威脅性十足的挑釁者？

你喜歡這樣的自己嗎？這是眞實的你嗎？

對於自己的痛苦和脆弱，你是不是忘了什麼？

對於自己的良善、心中最重視的人事物，你是不是忘了什麼？

當我們無意識地把別人當作某種邪惡的假他時，我們很容易決定去傷害他們，不再把他們當成像我們一樣客觀存在、有感覺的眾生。

第十章我會再提到，這個「不眞實的他人」也是造成某些悲劇的基礎；在這個基礎上，被我們認爲較卑劣、危險或有敵意的整個特定族群，會因爲種族或階級、宗教或政治觀點、性別或性向認同的特質而受到壓迫。還有其他不太會被認出的，就是針對非人類生物的假他標籤和暴力。

好消息是，我們進化的大腦擁有正念和慈悲的能力，我們可以擺脫這個渾然不覺，可以看清楚自己和他人，可以培養寬恕的心。

寬恕的定義

這裡有個很有幫助的定義：寬恕意味著脫下包覆著內心的那副責怪或仇恨的保護盔甲。我還喜歡另一個定義：寬恕意味著永不將任何人（包含自己）排除在心之外。另一個定義：寬恕是全然覺知著傷痛時所生起的慈悲。

不過，許多人對「寬恕」這個詞彙並無共鳴，或者對所謂的寬恕感到迷惑；如果你也是如此，往下閱讀時完全可以把寬恕二字代換成「慈悲」或「敞開心房接納」。

寬恕是隨著時間推移而逐漸開展的過程。我注意到，無論是在我自己或他人的經驗中，往往只要得到另一對象友善仁慈的對待之後，寬恕就變得容易多了。當我沉思這個現象時，發現這現象有其道理；被慈悲對待，施予我們身上的那份溫暖和相應的連結緩和了我們的恐懼，減低我們對遭受拒絕的敏感感受，舒緩我們的傷痛，幫助我們接納隱藏在責怪盔甲下的損失感。我們的心開始變得柔軟，視野開始擴展，而得以看得更清楚對方或許正在受苦。

但我們不需要等到其他人來打開我們的心，透過 RAIN 的練習，寬恕的過程就會展開——我們通過「觀察」去探勘盔甲下的一切，無論找到什麼，即以自我慈悲來對待。這也會調柔自心，讓我們得以把慈悲延伸到他人身上。

對大多數人而言，要從責怪他人轉換到向內的當下覺知並非易事，需要很大的勇氣才能敞開心房容許情緒的實相，才能接納傷痛、恐懼和失去。作家安．拉莫特（Anne Lamott）在書中曾引用出處不詳的一段話：「我們以優雅的冒險，將過往緊扣的保護殼蛻下，輕柔地對當下的一切說：我接受。」

沉思：爲何如此緊扣責怪不放

請想起一位自己經常覺得生氣和責怪的對象，然後問自己：「如果放下對此人的批判，放下覺得他很壞或他錯了的想法，我會有什麼痛苦的感覺？」

我在工作坊介紹這個沉思方法時，常會請學員大聲說出一個詞或一段話，形容他們的感受。大家逐一舉手，分享深藏在責怪盔甲底下的恐懼和脆弱。以下的形容，有哪些讓你覺得有共鳴呢？

- 無力感、失控
- 害怕——他們會繼續傷害我
- 如果他們沒有錯，那麼錯的人變成是我
- 受傷
- 這樣我就得對這件事負責任了

- 接納令人痛苦的損失
- 悲傷
- 這樣我就得接受生命就是不公平
- 不被愛
- 沒有安全感

寬恕實非易事，因爲我們想方設法要躲避內心的脆弱，也因爲我們往往會擔心寬恕指的是饒恕或開脫傷害性的行爲，好似「你傷害了我，但沒關係，我原諒你，所以你不用爲自己的行爲負責。」由於寬恕在解脫自心、療癒此世界扮演著關鍵性角色，此處我想舉出許多學生都曾感到迷惑的重點。

對寬恕的誤解

寬恕並不代表我們應該否定或壓抑憤怒、恐懼、傷痛和悲傷。

我們覺得受傷的時候，身心靈自然而然會防禦性地緊縮起來，這種緊縮蘊含著大智慧；憤怒和恐懼傳達的訊息是：「我受到威脅了，出現了危害我福祉的障礙。」在走向寬恕之前，我們需要保護自己遠離步步進逼的危險，也必須在當下就接受、悲憫自己所感受到的任何情緒。漠視或推拒這股怨恨或憤怒，這種繞過情緒的做法只會導致我所說的「不成熟的寬恕」，我們以爲自己已經原諒了，但實際上只是隔離了需要我們關注的感受罷了。

我們若曾受虐或遭受其他形式的創傷，那麼，先尊重那股憤怒，讓自己有充裕的時間找到安全的地方進行療癒，這尤其重要。勉強認爲我們可以且「應該」寬恕加害者的這種概念，可能導致羞惡感和挫敗感，讓我們與自然的療癒過程漸行漸遠。與其努力試圖悲憫他人，不如全神貫注在能提供效率和力量的層面；這意味著去感受自己的憤怒，尊重自己對安全感的需求，悲憫自己、關愛自己。當我們已經得到足夠的療癒，有心力考慮到讓我們受到創傷的人，而不會覺得情緒被激起，這時就可以開始認知到對方是「眞實的他人」，把對方懷抱心中。

寬恕並非包庇他人傷害性的行爲，也不是被動不抵抗或無作爲。

寬恕他人絕不是說：「你的所作所爲可以被接受」，也不代表我們容忍這些行爲持續下去。假設朋友背叛了我們的信任，我們可以原諒他，並且重新劃清界線，不再分享我們的隱私祕密；我們可以原諒前伴侶的情緒虐待，並選擇永不再單獨和他們共處一室；我們可以原諒治療師或老師不道德或有害的言行，並通報相關管理單位，以及其他可能受害的人。

儘管憤怒的能量或許能激勵我們向前，但這並非長久之計。我們需要寬恕手把手牽著我們投入社會行動主義——我們可以寬恕該爲地球生態環境遭受破壞負起責任的政客，但是大力支持能反映我們價值觀的社會運動和領袖；可以對持續壓迫弱勢族群的人放下仇恨或怪罪，但是積極投入能減少偏見的行動，幫助受害者尋求正義和補償。

寬恕的過程不需獨自一人進行。

我們往往需要支持，尤其是經歷巨大創傷時。我們可以尋求治療師、療癒師或靈修諮詢的協助，或是與信任的朋友分享。當一整個群體受到創傷，例如在教會遭到炸彈攻擊、校園槍擊案或戰亂中失去親友的人，受害者得到的幫助往往首先來自集體分享恐懼和悲傷，或透過儀式與祈禱，或透過歸屬更大群體，以及志同道合的心靈信仰團契等力量強大的療癒經驗。

寬恕大多不是一次性或能快速達到的過程。

培養寬恕之心回應印記深刻的侵犯或生活中的不滿，這其實是終身的過程，就好比身體上的療癒亦需要其基本時間，急不得。特別是當傷口很深的時候，療癒需要階段進展：我們通常需要透過愛的關注，慢慢揭開層層疊疊的憤怒、恐懼、羞恥和悲傷。

對許多人而言，最深的怪罪和怨恨都是在我們最親密、最重要的人際關係中，換句話說，我們的情緒很容易一再被觸發。或許你發現伴侶動不動就批評人，於是你緊縮起來，變成害怕、憤怒、武裝的自己。你或許得多次深入盔甲後的創傷、滋養自己、放下憤怒；這麼做的時候，你會發現每一回合確實都有助於療癒傷口，每一回合都灌注你更多力量，每一回合都讓你體會到更巨大的真我，有更大的機會活出生活的美好，不需要將任何人推拒於自心之外。

寬恕三部曲

在教導與寬恕有關的內容時，我發現描述三階段的過程很有幫助；這能提供地圖般實用的導覽，但是與 RAIN 的運作一樣，這些並非是一成不變的。

寬恕三部曲

刻意原諒

以 RAIN 掉頭迴轉

將真實的他人擁入心懷

在我的練習中，當我意識到自己陷入渾然不覺的怪罪中，就會問自己三個問題，這有助於引導我完成這三個階段，從怪罪之中覺醒。

一、這段關係中，我最深切的意圖是什麼？這個問題能提醒我想起自己對覺醒開放之心（寬恕之心）的憧憬和渴望。

二、我內心最抗拒（或最想逃避）的感覺是什麼？這個問題能幫助我掉頭迴轉，把注意力從另一人身上，轉換到這副責怪武裝盔甲之下的脆弱。

三、此人的真實狀況會是什麼？他們可能面臨什麼樣的掙扎？他們最重視什麼？這些問題能幫助我記得此人的人性、痛苦和良善的部分。

寬恕首部曲：刻意原諒

我知道許多學生都覺得，走在靈性的道路上，當然意味著自己「應該」原諒他人，他們把憤怒和責怪視爲自己心靈發展上的難堪。然而，寬恕並不是我執的自我可以支配或要求發生的，事實上，自我批判或羞惡感只會讓寬恕更難發生。

你不能指使寬恕發生，但你可以出於自願地去寬恕——這個理解是重要的關鍵。在我執之外有一種智慧，它了解寬恕，知道如何能讓心自在解脫；這需要寬容含納，而不是怪罪。從這個地方，你會明白，若是抓住憤怒和責怪不放，就不可能眞正快樂，也不可能感受到愛。禪師夏綠蒂・淨香・貝克（Charlotte Joko Beck）曾寫到：「無法寬恕和無法在生活中感受喜悅有直接的關係。」

這個內在智慧的一隅能生起寬恕的心意，你可能會覺得它像是溫柔的希望或祈願，讓你的心可以放鬆，打開心房，體會到無懼的寬恕之心的自由解脫。這個「想要寬恕」的心意帶著眞實的力量，當你的心意或祈願如此眞摯而深切，在這些時刻，你便具足了療癒和轉化的力量。光是有了想寬恕的想法，就開啓了讓整個寬恕過程逐步開展的那一扇門。

沉思：想要寬恕

在閱讀本書的過程中，你是否曾想起某個你深感責怪或怨恨而抗拒的對象？是否感受得到渾然不覺的責怪讓你變得渺小僵硬？是否察覺到你遺忘了自己和他們的純金之心？你可以呼喚未來的我——你內心深處最有智慧、最有愛的自己，然後想像一下，心裡騰出一個空間讓此人有個容身之處，會是什麼樣的光景，你是否可以感受那個可能發生的自由解脫？

現在，想起此人，心裡默念：「我想要寬恕你，（念出此人的名字）。」即使一部分的你其實尚未準備好，但你是否感覺得到這個心意很真摯？要信任自己，透過 RAIN 練習的正念和慈悲，你的心一定會愈來愈寬容、原諒、自由解脫。

寬恕二部曲：透過 RAIN 掉頭迴轉

想要寬恕的心意策勵著我們深入 RAIN 的練習，一旦下定決心，我們就會更快速認出自己是否掉入渾然不覺當中，此時就可以選擇停頓下來，容許所經歷的感受更全面地在覺性中呈現。

當我們掉頭迴轉時，就積極地踏上了寬恕之道。我們將注意力從向外攀執的怪罪念頭朝內迴轉，而得以直接觀察內在的脆弱之處；此時就是真正面對活在怪罪盔甲下的傷痛和恐懼了。療癒從此開始：RAIN 的最後一步「愛的滋養」，我們將溫柔的當下覺性帶到內在最需要關注的地方，這能消融堅固保護的盔甲，並有助於撫慰、放鬆、打開我們的心。

現在回到史戴分的故事上，看看 RAIN 和掉頭迴轉的練習如何讓他覺得受用。

史戴分登記參加我們的春季閉關課程時，心底寄望的是能夠解除對父親的憤怒，被姐姐念

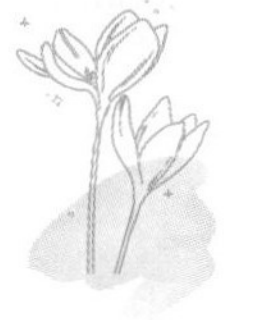

了之後他就更投入了。禪修讓他逐漸看到自己如何製造出自己的痛苦。「靜坐時，心裡播放著過去種種如電影一般的情節，覺得爸爸有多麼糟糕，讓我覺得快瘋了，然後我告訴自己：『這些感覺都是我自己的感覺，對他而言，他只是過著自己的生活罷了。』」史戴分想要寬恕的心意愈來愈清楚、愈來愈強大。

然而，閉關課程的頭幾天，他的心卻是……他這麼形容「簡直就像火上加油！」第三天我們見面時，他告訴我，每個有關父親的念頭都讓他怒火攻心，「我看到他那不可一世的模樣，好似他還在控制著我一樣……讓我活得悲慘至極。」靜默了很久之後，他繼續說：「但他現在已經老態龍鍾，拖著遲緩的步伐住在他的公寓套房裡；我想要原諒他——我姐姐說的很對！但是我心裡還是容易被觸發。」

「這是人之常情，」我說道：「人很難馬上就下定決心拋下憤怒，把心房徹底打開，尤其是創傷特別嚴重的情況。如果你眞心想要原諒，起始點就是全神貫注察覺自己眞正的感受，我們可以透過 **RAIN** 來做到。」

史戴分很容易就認出和容許自己怪罪的念頭，因此我請他掉頭迴轉，進行觀察。

「如果你先從自己怨天尤人的內心戲離開，你身體的哪個部分會感覺到憤怒？」我問道。

過了一會兒之後，他回答：「在這裡。」他雙手交疊放在胸口正中央。

我說：「觀察憤怒的生理感受是什麼感覺，不管力道多大都讓它們自然呈現；如果能幫你保持注意力的話，可以把手放在那個感受的部位。」

他點點頭，皺著眉頭，咬牙切齒；一會兒之後嘆了口氣，放下雙手，整個人彷彿陷入椅子深處一樣，我問他察覺到什麼。

「怒氣愈來愈高漲，然後又像是崩解了一般，我覺得喪氣和挫敗……」他沉默了一會兒，然後輕聲補充道：「我讓他失望了，我不夠有男子氣概，無法讓他尊重我。」

我鼓勵史戴分繼續觀察，感受一下當他相信自己缺乏男子氣概時，身體在經歷什麼。

「很受傷，那個年幼的我……在我胸膛中，他覺得很丟臉，他很寂寞，他在哭泣……但悄悄地哭著。」

「他如果會說話，會說什麼呢？」

「我永遠都不可能有一個重視我、喜愛我、渴望我當他兒子的父親。」史戴分邊說，邊把臉埋進手掌中，開始啜泣，這就是被憤怒和責怪覆蓋的痛苦，源自失敗的深沉悲傷。

我靜待了一會兒，等他靜下來，輕輕問他：「那個部分的你，當下現在最需要從你這裡得到什麼？」

「他最需要的是知道我就在這裡，我關心他。」我請史戴分照顧、滋養那個年幼的自己，眞摯、誠意地把這個訊息傳送出去好幾次。

他再次雙手交疊，放在胸口，變得非常靜定，幾分鐘之後，他睜開眼睛，說：「謝謝……有什麼東西消散了……感覺有更多的空間……更輕鬆自在。」

我鼓勵史戴分，不管在掉頭迴轉的練習上需要多少時間，都要盡他所能去練習。閉關課程的稍後，我看著學生們禪修時，常會看到史戴分雙手交疊在自己胸口。然後，最後一次團體討論時，史戴分站了起來，分享這次閉關他自己的「外帶靈魂餐」：「我可以怪罪他人，讓自己成爲受害者，也可以療癒自己，給自己力量。」他把一隻手放在胸口一會兒，然後補充：「這是我自己的選擇。」

「RAIN 雨後」所得到的禮物之一，就是從受害者的身分認同之中走出來。我常會想到多年前看的一部電影台詞：「復仇是一種懶惰的悲傷。」（Vengeance is a lazy form of grief.）每次分享這句話時，大家都會會心一笑。責怪他人遠比面對自己的傷痛、恐懼和損失容易多了，然而只有努力練習 RAIN 來掉頭迴轉，將療癒的關注力帶進內在心靈生活中，方能全權把握自己的力量、智慧和慈悲。掉頭迴轉的練習能解除我們的受害者情結，讓我們有力量穿透假他的面具，並讓我們把慈悲心拓展到不斷擴大的圈圈。

寬恕三部曲：將「真實的他人」擁入心懷

想像自己漫步林野，看到一隻狗坐在樹旁。你走過去想和狗狗玩，牠卻冷不防跳起來對你張牙舞爪，你本能地向後退，覺得生氣又害怕。然後，你注意到牠的一隻爪子被陷阱夾住，這時，你的心情整個大轉變，充滿了對這隻狗的關心。雖然你仍然不會太靠近，情勢還是有點危險，但是你心裡積極地想要幫助這隻狗。

這個從怪罪到關心的心情轉換，就發生在意識到狗狗的張牙舞爪來自於脆弱和痛楚。同理也適用於我們——當我們表現出傷害性的行爲，那是因爲我們困頓在某種痛苦的羅網中。

你可以在心中想起一個傷害過你的人，你是否可以看到他/她如何深陷創傷和恐懼的羅網？美國脫口秀主持人、製片人、演員、作家暨慈善家歐普拉·溫芙蕾（Oprah Winfrey）曾做過探討兒童創傷的節目；節目中談到，生命早年的傷痛會成爲暴力行爲的前驅，又說到，與其責怪他人，我們更應該問自己這個問題：「究竟發生了什麼事？」過去的什麼傷痛驅動了這個行爲？在某期《紐約時報》訪問中，強暴犯傑．Z（Jay-Z）這麼說：「『喔，你小時候被霸凌，所以你也企圖霸凌我，我理解了。』我一讀懂這個道理，就不再以憤怒來回應這種情況，而是能夠給予更柔和的接納，或許可以這麼回應：『朋友啊，你還好吧？』」

> 若能讀到敵人的祕史，我們一定會發現，
> 每個人生命中的悲戚和痛苦足以讓我們卸下所有敵意。
> ——亨利．華茲華斯．朗費羅（Henry Wadsworth Longfellow）

當我們才剛受到霸凌者的欺負時，很難看到他們的心靈脆弱處，但一旦我們照顧了自己的心，就能看到這個祕而不宣的痛苦。

閉關課程之後我又見到史戴分，他提到父親時，觀感已然不同。「我們請他來吃晚餐，他的身子陷入座椅中，顯然很疲累；我兒子問他：『爺爺！要不要打乒乓球呀！』老爸馬上坐直身子，轉移話題說什麼他有個電視節目要看，顧左右而言他。他很討厭表現出自己的脆弱。」

史戴分被父親的高傲和無力感觸動，看到父親「一隻腿被陷阱夾住」（就像前面提到的那

隻狗狗），這讓史戴分的心軟化了，敞開了心扉，他開始鬆開執著，而父親也以友善慈愛的態度回應。二人一同看了Netflix的影集，比賽誰做的爆米花好吃，週間也會互傳訊息討論自己支持的美式足球隊（新英格蘭愛國者隊對上匹茲堡鋼人隊）。

六個月之後，他父親再度心臟病發，而且更爲嚴重。住院期間某個晚上，史戴分大聲地爲老爸朗讀新聞，他父親伸手比出暫停的手勢，然後，史戴分聽到出乎意料的一段話：「我知道我不是稱職的父親，但我想你應該不知道，我一直以來有多麼愛你。」爸爸的雙眼濕潤，兩人對望了好久好久；幾個月後，他父親過世了，這些都是史戴分永記心頭的溫馨時刻。

史戴分與我分享這些回憶時，說：「你知道嗎？塔拉，我想，他之所以能夠對我說出那些話，是因爲他感受到被我原諒了，這讓他有了安全感。」

我分享這個故事並不是保證寬恕對方之後，對方就會有所轉變，但事實是，我們敞開心房的能量會以一種不可思議的方式影響他人，有些影響顯而易見，有些則隱而不現；但無論如何它都會讓我們得到解脫。

寬恕的禮物

無論是寬恕或得到寬恕，都是全然慈悲的純粹表現，二者都會讓我們得到提升。當我們在寬恕之中敞開自己，就重新連結上自己寬坦開放的心；當我們感受到被原諒，就能信賴自己原本的歸屬和根本良善。就如同吸氣和吐氣一般，給予和接受也是相互關聯的，二者都能讓我們銘記自己的純金之心，讓我們以純金之心來生活。

作家史考特．麥可克拉那韓（Scott McClanahan）在書中曾描述，一個男子與父母激烈爭吵之後，離家出走，多年未曾回家，其中幾年還吃了牢飯。出獄之後幾個月，他寫信給父母告知自己將在某個日期返家，信中說，如果他們願意見他，不會爲過去的事感到羞恥，不會因爲他坐牢而覺得難爲情，就請他們在曬衣繩上披上一條被子。約定的那天，下了火車之後，他開始焦躁不安，痛苦地想著父母應該不會想見他吧！這個懷疑隨著近鄉情怯而愈加強烈，他想起了離家那天彼此惡言相向的情景，就在崩潰邊緣想要轉頭離開時，他看到了一棵樹上掛了一條被子，接著又看到一條，他的家出現在視野中的時候，他看到曬衣繩上掛了許多被子，整個院子都掛滿了被子，整個屋頂也鋪滿了被子；父母就站在家門前，歡迎他回家。

我們都渴望被別人放在心上，也渴望能義無反顧地愛人。世上還有什麼事，能比全心全意爲他人掛上寬恕的被子更美好的呢？還有什麼事，能比讓曾經被我們拒絕的人感受到我們歡迎他們「回家」更美好的呢？

練習：寬恕的 RAIN

原諒他人有二個關鍵階段：

一、療癒隱藏在責怪下的創傷，這是內在過程。

二、把具有慈悲的注意力帶到對方身上。

請將以下第一部分視爲讓自己「獨立自足」的禪修，盡可能花一段長時間練習（幾天、幾個月甚至幾年），直到自己感受到已建立好自我慈悲的心；然後，當你準備好了，就可以依序輪番練習這二個階段。

以舒適的姿勢坐好，閉上眼睛，讓心靜下來。深呼吸幾次，每次吐氣時，把察覺到的緊繃或緊張一起釋放。開始練習時，先審思你想要培養能寬容自己和所有眾生的動機。

第一階段：以 RAIN 面對責怪之下的創傷

瀏覽一下你的生活，感受一下覺得哪裡無法原諒某人，並讓自己陷入憤怒和／或責怪中。提醒自己當時（或當下）發生了什麼事，導致這樣的感受。

你可以問自己：「這當中最糟糕的部分是什麼？讓我最生氣的是什麼？」「對於這個人，我有什麼樣的評價或想法？對方和我的關係中，我有什麼樣的想法？」

認出：想起這個人的時候，注意一下你心裡浮現的主要感覺和念頭。

容許：停頓一下，容許這個經驗如實呈現自己，不帶任何批判，也不刻意做什麼。

觀察：現在，掉頭迴轉，放下對此人的念頭，讓注意力回歸到發生在你體內的事。

- 探究你對此人的難受感覺和念頭，如何表現爲身體的感受——這些感受最強烈的部位是哪裡？什麼樣的感受？慢慢用點時間完全進入狀況，感覺看看你最苦惱的部位。
- 你可以問這個受傷的部位：「你想要我怎麼陪伴你？你最需要的是什麼？是被接納？被保護？被理解？被原諒？被慈悲對待？被愛？」

愛的滋養：呼喚那個最有智慧、最有愛的你（未來的你，你的覺醒之心），想像你可以聽到未來的自己說的話，也可以回應他——你如何提供目前最需要的？有沒有某種接觸（比如以手碰觸胸口）、訊息或意象，能幫助這個創傷收到它所需要的滋養？

用一點時間（比如三十秒）讓滋養挹注這個部位，感覺這個部位如何體驗所給予的慈悲。（註：如果覺得不容易接觸到自己的覺醒之心，你也可以呼喚任何你覺得容易觸及的愛的源頭，如朋友或家人、神靈、狗狗等，來幫助滋養內心。）

RAIN 雨後：覺察在給予和接受內在滋養時那個我的存在感，安歇在那個我當中。

第二階段：寬恕他人的 RAIN

完成第一階段的練習之後，把注意力放在對方身上，要有一種「你正在透過未來的我的覺性看待此人」的那種感受，以你最智慧、慈悲的心來看著他／她。（你可以實驗看看，想像你正在十到十五年之後的未來進行這個思考。）

認出：注意著你對此人所觀察到的種種。

容許：停頓一下，容許這個有關對方的經驗如實呈現。

觀察：你可以問自己：「此人有什麼心理脆弱處，以至於讓他做出造成痛苦的行爲——恐懼？創傷？未被滿足的需求？爲何此人的腿會被夾在陷阱中？」

愛的滋養：透過下述語句或你自己的慈悲話語或圖像來給予寬恕——默念對方的名字，然後說：「我看見也感受到了你造成的傷害，現在，我原諒你。」如果你尚未準備好要原諒他，就說：「我看見也感受到了你造成的傷害，我想要原諒你。」這樣重複幾次。

如果你確實覺得已經能夠眞心寬恕對方，接著就可以說一些能療癒此人痛苦的有著關愛之願的寬恕詞語。

RAIN 雨後：注意覺察此時已出現的心性空間的品質，盡可能保持它廣大且包容的狀態，你可以問：「安歇在這寬恕之心時，我是誰？」

做寬恕的練習時，我們常會評判自己的禪修是不是夠好、夠完滿，這是人之常情，但是，要放下自己背負的任何批判，尊重自己想要打開心房、解脫自心的眞誠。結束禪修之前，要放下有關自他的一切概念，單純地安歇在調柔的覺性體驗中。此時如果有念頭或感受出現，就去感受將整個生死世間容納在寬恕心之廣大虛空的能力。

問與答

Q 我的伴侶在成長過程中，暴躁而自戀的母親幾乎每天都對她大吼大叫，結果她現在就是這麼對待我們的青春期女兒們，我可以理解隱藏在此行為背後的是痛苦的過去，但她已經是成人了，她是不是應該為自己造成的傷害負起責任呢？

A 當我們造成痛苦時，眞實的療癒是需要爲自己的言行負起責任，有機會就請求原諒，同時修正自己。能夠坦率承認自己引起的痛苦其實是充滿力量的，而且能夠減低自責。

然而，過去的創傷既能驅使我們自傷、傷人，也令我們難以改變自己的行爲。童年時期長期的情緒虐待，已知能逐漸損害各種心理能力的發展，比如執行功能、自我調節/自我管理、正念覺察以及同理心——這些都是成長爲能負起完全責任的成人的關鍵元素。像你伴侶這樣的人，要他們承認自己造成他人的痛苦恐怕有點危險，這會引起難以承受的羞恥感和被拒絕的恐懼感。

儘管處於這種進退維谷的情況，但你或許會發現，如果把「應該」這個詞視爲一個「標示」可能會很有幫助；這能告訴你，你對所謂好的或正確的行爲的信念，無論看似多合乎邏輯、多有道理，實際上和你伴侶目前的眞實情況根本不在一個平行時空。重點是，人因未處理的創傷而做出某些行爲時，責怪她對現況是毫無助益的；責怪只會折磨和打擊對方，責怪能強化「你就是哪裡出錯了」的核心創傷。而你可能也已經在伴侶身上看到，責怪會引起防禦心和／或推諉否認，不僅沒有創造正面的改變，反而延長了傷害性行爲。

當然，你還是得跟伴侶溝通清楚，不能再繼續這樣傷害女兒們，並應建立能保護她們的界限，身爲父母親，這是第一要務，否則你就是在容許傷害行爲的發生。溝通清楚並從關愛的角度探究改變的方法，以此取代一味的責怪，這並不是不可能發生的。與成人溝通就如同與孩子溝通一樣，成人心中那個受傷的孩子也需要愛的滋養才會成長、改變，我從未見過任何人在「應該如何如何」、在憤怒或責怪的影響下，還能進步且停止傷害性的行爲。所有的研究都顯示，懲罰對眞實的療癒和轉化毫無作用可言，但關愛和滋養的修復卻可以。

然而，只有當你照顧好內心自然而然感到無力、苦悶、憤怒、自以爲是、受傷和害怕的那一部分，你對伴侶的「應該如何如何」和責怪，才有可能轉換成對他／她的慈悲。你的使命就是，爲了自己、伴侶和孩子，連結上那個未來的你。你或許會需要治療師協助創造安全有愛的環境，讓你和伴侶可以進行溝通，在這個過程中逐漸變成彼此的盟友，一同走向轉化和療癒。

Q 有些人相信別人已經盡力了，已經「做到最好」，你認為這是真的嗎？

A 你若瀏覽一下自己的生活，就會發現有時你和他人相處時，充滿了當下覺性和關愛，但也有一些時候，你的心思被許多事盤據、反應過度，甚至會傷害他人。不過，若是讓心專注想著某個你深深痛悔的事件，問自己：「到底爲什麼我沒有更體貼、更仁慈、更接納、更覺知一點？」你應該會意識到自己當時有多麼渾然不覺——也就是說，你那時處於覺性線以下，注意力變狹隘了。這種情況下，你的念頭和行爲深受根深柢固的散亂習性、焦慮或瞋怨的情緒、貪求各種享樂或渴望遠離悲傷苦惱的欲求左右，你的求生大腦掌控了全場，切斷你和新近進化的大腦前額葉的連結；你的大腦已經盡力了，它已經「做到最好」，努力調用它原生的各種因應策略（coping strategy，或譯調適策略），試著滿足未被滿足的需求。

RAIN 的正念和慈悲能培養整合性腦功能，這意味著，即使情緒被觸發時，也不會被大腦邊緣系統完全綁架而受苦，反而我們會有某種覺性，意識到正在發生什麼事，並能提高自在掌握內在心力資源的能力，擁有更高的選擇權讓自己透過完滿的潛能、我們眞正的「最好狀態」來生活。

Q 我發現發脾氣、斥責我的伴侶傷害我，才能讓他有所警覺；對我來說，原諒他就表示我得持續被虐待。

A 憤怒、責怪和懲罰的確可以暫時控制住對方的行爲，問題是，這眞的會改變他的行爲，讓我們得到自己想要的關係嗎？

有位參與我主持的每週課程的女士告訴我，結婚四年，她丈夫每天家暴她，她這麼形容：「我一下是受傷又害怕的受害者，一下又變成憤怒的受害者。」當她大發雷霆威脅著要離開時，丈夫就會低聲下氣，發誓停止這些暴力行爲，乞求她的原諒和另一次機會。她就會心軟同意留下，每次都希望那一次他眞的會痛改前非。

隨著 RAIN 掉頭迴轉的練習，她學會了放下責怪的念頭，照顧自己的內在感受，於是，她終於可以正視痛苦的眞相——「這就是受虐的痛苦。」她意識到進行愛的滋養意味著必須照顧自己。轉離憤怒和責怪令她得以認出並接受眞相——她在受苦，他本性難移，而她可以改變自己的現況。於是，她搬到姐姐家，訴請離婚。即使是在她得到安全感很久之後，經過了漫長的等待，眞正的寬恕才終於到來。

憤怒是一種警訊，能策勵我們照顧自己，不過，如果想要擺脫無助、憤怒的受害者角色，就必須拋下責怪，繼續前進，這個道理也適用於伴侶的虐待行爲、青春期孩子偷家裡的錢，或是兄弟姐妹對共享的家產做手腳的狀況。若能放下責怪的怒氣，我們就得以掌握所需的智慧，有效回應這些情況。

9

看見良善

愛人就是學會他們心裡的那首歌，

並在他們遺忘的時候，爲他們歌唱。

阿爾恩．甘伯格（Arne Garborg）

一個發人深省的觀念是，

我們能表達愛的最美妙行動，並非服務，

而是冥思，而是看見。

服務人群時，我們提供幫助、支持、撫慰、解除痛苦；

但是當我們看見人們內在的美和良善，

就能轉化和創造。

——安東尼．戴邁樂（Anthony De Mello）

一對夫婦要求在某個週三傍晚課程之後與我會談，他們開口之前，我就從他們臉上看到了憂心忡忡，他們擔憂的是二十三歲的兒子究諾。

究諾之前有學習障礙，在一所小型文科學院就讀二年之後就休學了。之後就住在家裡，在家得寶公司（Home Depot）❶兼差補貼家用。「我試圖說服他去社區大學選修學分，」他父親開口說到：「但他根本不去，然後我又建議他接受職場諮詢，他也拒絕。他只和高中老同學鬼混，這些都是好孩子，但他們也沒什麼前途。」他又正色說到：「究諾似乎只想追劇、騎越野單車或搞他的攝影機……顯然都是一些沒前途的東西。」

此時，究諾的媽媽插話：「並不是我們不願意他住在家裡，我們很喜歡，我們愛死他了，他是個很貼心的孩子，但最近他悶悶不樂，也不跟我們說話，好像變了個人似的。」

我感覺得到他們有多關心究諾，也這麼告訴他們，究諾媽媽眼裡馬上噙滿了淚水，「喔，我們眞的非常關心他，生怕他前途黯淡。」然後她哀求似地看著我，「但我們該怎麼辦呢？」她問：「我是應該爲他祈禱，希望他全身被白光環繞，還是帶他來這裡，催促他禪修？爲了幫他，我們什麼都願意。」

「我的確有個建議，」我說：「但我想先問二位一個問題。」他們傾身向前，顯露很有興趣的樣子，「你們最愛、最欣賞究諾的特質是什麼？」

「喔，」究諾媽媽遲疑了一下，「再沒有人比他更有同情心了……他總是能敏銳察覺別人的感受。跟他在一起也很好玩，他的幽默感很逗趣。」

究諾爸爸補充：「我得承認究諾很有創造力……他用那部攝影機拍出來的東西讓我很驚艷。」然後又貼心補了一句：「他眞的很聰明，只是尚未找到能表現才華的方法罷了。」

我誇張地說：「哇嗚！夠了夠了！」他們都笑了。「這些我們下次再說，謝謝你們對究諾的形容，讓我好似活生生看到他一樣。」

我繼續建議他們，每天在禪修座上都想一想他們最愛、最佩服究諾的特質。「好好感覺一下，你對他的那份喜愛欣賞，在你自己體內、在心裡造成什麼感受；然後，和他相處時，就注意觀察他的狀態——他的心情、能量，諸如此類，這樣持續做二、三個月，然後我們再見面聊。」

再見面時，他們二位看起來都平靜許多。這次，究諾媽媽先開了口：「或許是上次妳給我

❶ 美國家庭裝飾品與建材的零售商，也是全球最大的家具建材零售商。

們的練習，讓我變得放鬆，不過，我愈是記得究諾的長處，就眞的愈覺得一切都會變好。」

她丈夫點點頭，「起先我以爲妳只是在叫我們放下，但事實上涵義更深遠……我們還是不知道他要怎麼找到自己的路，但卻更確信他一定會找到。」

他們離開之前，我分享了自己在兒子身上的發現：我愈相信他能做得好，他就會愈進步，我的信任是有感染力的。

過了幾個月之後，究諾的父母最後一次和我會談。他們回報說，究諾已經擔任本地一個非營利組織的影片剪輯志工好一陣子了，而且計畫回學校去修數位影片製作的學位。最重要的是，他又恢復究諾本色了，父親節的時候，他做了一支「新聞現場報導」的影片作爲禮物，公開宣布他被升職爲家得寶公司執行長。究諾重現活力和詼諧逗趣的個性，而且找到了他的方向。

我們的人際關係，尤其是私密的人際關係，很容易在溝通上陷入僵硬的模式，阻礙眞正的親密關係和療癒作用；RAIN 的正念和滋養能幫助我們擺脫這些根深柢固習性的控制。儘管我並沒有爲究諾的父母正式複習 RAIN 的步驟，但我們可以在他們與究諾互動的過程中，看到這些步驟如何一一開展——他們認出了究諾在經歷掙扎的過程，這讓他們深感苦惱；但他們並沒有繼續這種反射性反應，而是停下來，容許他做他自己；他們的觀察是把注意力從擔憂他哪裡出錯，轉向他們所信任的特質——他的良善，然後以對他的滿心激賞來打造滋養的地基。通過這種非正式座上禪修的 RAIN 練習，他們走出了建築在恐懼上的反射式反應，而得以提供究諾最需要的：信任他本來的自己。

何謂根本的良善（basic goodness）？

對究諾和他的父母而言，療癒就發生在把注意力從「哪裡出了錯」，轉移到時常記得前面提到的「根本的良善」。

這是什麼意思呢？如果記得第三章提到的黃金佛像的意象，我們可以把日常生活中所謂的自我或人格視爲那層保護性的陶土。這層層疊疊的覆蓋——我們的外表、禮儀、防禦、評判、技藝專長、弱點等，往往被我們評估爲「好的我」和「壞的我」。這個好的我，符合我們從照顧者、同儕及更大範圍的社會所擷取的標準，或許這個好的我知書達禮、工作認眞、有魅力且功成名就；而那個壞的我有各種缺點——比如我們會說自己自私、沒耐心、苛刻批判或個性衝動。

但是，這些受制約的自我模式皆無法限制或表達我們的根本良善。這個根本良善是我們的純金眞實本性，也就是我們全都具有的共通特質：覺性、活力、愛、創造力和聰明才智。

那些變化起伏的心情、行爲和人格就像是水面的波濤，而根本良善則是大海本身；如果老是把注意力放在那些受制約的模式上，如果老是批判或認同這些模式，就容易與自己眞實的廣度和深度失之交臂。

恐懼會束縛住根本良善的表達力，因此，在他人放鬆且當下有所覺知的時刻，最容易認出他們的純金之心；我們往往能在人格定型之前的孩子身上，看到這顆純金之心閃閃發亮。有個朋友分享她的經驗，當凝視著九個月大孫女的照片時，她在孫女眼中看到了純淨覺知和透亮的光輝，讓她感到驚奇又欣喜。倏然間她想起了遺忘已久的詩偈：「萬事萬物之下，活躍著最珍貴的清新之心。」

看見良善

我們的身體、心靈和人格各有不同，因此，純金之心以萬千種方式通過我們不斷進化生命而存在。

我請社群媒體上的朋友分享自己看見他人根本良善的例子，填寫「我在……看見了良善」的句子，以下列舉：

- 一次外出旅行結束，當我丈夫回家看到孩子時，我在他臉上看見了良善。
- 小兒子聽到我聲音中的疲累，給我倒來一杯水時，我看到了良善。
- 我太太友善、專心、尊敬地問候泊車員或收銀員時，我看到了良善。
- 我的摯友深情擁抱他的狗狗時，我看到了良善。
- 五歲女兒對著落日說：「再見，我愛你！」時，我看到了良善。
- 我丈夫會把車停下來，花時間幫助汽車拋錨的路人，從來不要求任何回報，我看見了良善。
- 當我的伴侶溫柔對待我，願意堅守我們的關係，克服一切困難時，我看到了良善。
- 父親嚴重中風導致行動不便，卻仍問我：「小甜心，我可以幫妳拿什麼嗎？」這讓我看到了良善。

我在社群媒體上貼出這個提問沒多久，收到了摯友寄來的生日賀卡。上面寫著：「當你……的時候，我看見了良善。」讀著她真摯的文字，我眼中噙滿了淚水，感到深深被愛著、被看見。而當我感受著，被她的根本良善淹沒時，純金之心光華四射，那是她深切慈愛的關注力的美麗。然後我想起了非常喜愛的一段話，托馬斯．默頓說：

然後，我彷彿倏然見到他們心靈的祕密之美，見到他們心靈的深度——那個罪惡、欲望或對自我的認知皆不能到達之處——他們實相的最核心，上帝眼中的那個人。要是他們也能如實看見自己的本面，該有多好！要是我們可以一直如此看待彼此，該有多好！不會再有戰爭，不會再有仇恨，不會再有殘忍，不會再有貪婪……那時，我想最大的問題，可能是大家都會撲倒在地上，崇拜彼此。

鏡像讓我們知道自己是誰

作家愛麗絲．華克說了這麼一個故事：

南非的巴本巴（Babemba）部落中，若有族人出現不負責任或不公不義的行爲，就會被請到部落正中央，不受束縛地單獨站在那兒。

部落中所有工作都暫停，所有的男人、女人、孩子都聚集在此，圍著圈圈，把這名被控訴的人圍在中間。然後，部落的每一個人都要輪流對此人講一段話，告訴圈圈中央這個人，他一生中曾經做過什麼好事。每一個能被記得的偶發事件和經驗，都重新被鉅細靡遺地描述出來，他所有的優點、善行、能力和恩德都被仔細且詳盡地大聲說出來。

這個部落儀式往往要舉行好幾天。最後，部落圈圈解散，開始大肆歡樂慶祝，既是象徵性、同時也是實際地歡迎他歸返部落。

從他人深刻清晰的鏡像中，浮現了我們對自己根本良善的信任。我們在幼年時期因求生機制所需要的照料滋養，不僅僅來自溫暖的牛奶，不僅僅來自被擁抱、被撫慰的溫馨，更是來自照料者眼中愛的能量。當我們覺得自己被看見、被聽見、被以關愛回應時，這訊息表達的就是「我在乎你，你是我們的一部分，你歸屬此處，你是被愛的。」當我們成長中的好奇心和童心被滿心的歡喜照應，這訊息表達的就是「你的活力和成長是有價値的，這個世界歡迎你的一切。」

若要如鏡像般反射我們的孩子（和彼此）的純金之心，需要的是全然慈悲的基本元素：清明心、打開心房的當下覺性及訴諸情感的智慧。但處於覺性線以下時，也就是渾然不覺時，我們會馬上對孩子的行爲這個「覆蓋物」產生執著，接著就是不耐煩的反應、批判、抽離而漠不關心或陷入先入爲主的偏見。這種反射式反應，餵養著自己身爲父母卻自認能力不足的感受，更令我們處於覺性線之下。如果這種反射式反應的渾然不覺成了習慣，孩子就非常容易把「壞的我」的訊息內化成「我就是有哪裡不好」。

大部分人都會給出、也接收一堆既清楚又扭曲的鏡像。我回顧兒子的童年時，歷歷在目的就是我總是在擔心！兒子小學時，擔心他沒朋友；初中時擔心他「社交太活躍」，老是跟朋友鬼混；高中時擔心他沉迷電玩、太愛跑派對、愛拖延、心思不放在讀書上。我的擔憂自然參雜著批判、控制，傳達著「你應該要與眾不同」的信息。這一切的背後就是缺乏自我價値感和恐懼的渾然不覺——「我是個失敗的母親，這都是我的錯，如果我沒把問題處理好，他的前途堪慮啊！」

不過，一路上他也收到我滿滿的愛和欣賞。他一定知道，當我望著他開心溜著直排輪、從野外探索之旅返家、得知他安慰了難受的朋友或對他擅長《魔法風雲會》（Magic: The Gathering）牌卡遊戲感到驚嘆時，我的心有多麼振奮歡喜。現在，我看著他身爲青年心理治療師、年輕企業家、丈夫和父親，我知道，當我散發出眞摯的欣賞，信任他的發展、成長時，最有助於建立他的自信和幸福快樂。

可以過度營造正面鏡像嗎？

我們的能力和天賦，或可稱爲「好的我」的那些部分，即是我們的眞實。這些部分若是被他人認出來，尤其是在自我懷疑或失去自信時，那可是眞正的禮物！但是，讚美並不是健康的鏡像反射。或許你時常因爲好成績、有魅力、合群、有藝術天分或運動細胞而得到肯定和獎勵，但你接收到的信息實際上是什麼呢？對於我們很多人來說，這意味著「我必須這麼做才能討人喜歡，別人才會覺得我很好，所以我不能搞砸。」隨著這個信念而來的，就是長期的恐懼，害怕失敗、犯錯、害怕自己不是最好的，或害怕去冒險做新嘗試。因此，試圖以過度的讚美來升高他人的自尊，只會擦亮黃金佛像的覆蓋物，卻讓人們離黃金佛像愈來愈遠。

若以鏡像映現缺點或脆弱處呢？

反射對方的缺點（或他們感覺是「壞的我」），只有在先建立對他們的關愛和尊重，並且相信他們的根本良善之後，才會有幫助。否則，他們很可能會太受傷或覺得被冒犯，以至於無法接受你的訊息。大部分人都知道，當我們在根本不被欣賞喜愛的情況下被批評是什麼感受，我們整個人會反射性地武裝起來！

但是當那裡有信賴和關愛時，我們的鏡像就能幫助他人認出正在製造痛苦與分離感的下意識行為、情緒或信念。父母可以幫助孩子了解，他們的無禮、謊言、漫不經心或憤怒會對他人產生什麼衝擊或影響；治療師反映出未經處理的情緒如恐懼或羞惡感等，幫助案主覺知這些狀態；可信賴的朋友或同事可能可以反映出我們所經歷的失去或悲痛，讓我們覺得被陪伴、被看見。

無論在任何年紀，明確而深刻的鏡像反射都能帶來徹底的療癒。我修博士學位的實習工作中，有一位心理治療指導教授羅伯，擁有一種他自己稱為「看見所愛」（seeing the beloved）的天賦。羅伯總是全神貫注地陪伴案主，反映出他們的良善，讓他們可以聽見和信任自己的良善。他會在他們的脆弱處找到勇氣，在他們的正直誠實之中找到專注投入，在他們深切的渴望之中找到療癒力或覺醒。結束協談時，他們對自己感到更自在，愈來愈趨近自己的純金之心。他也這樣對待我們這群學生。

我記得某個週間指導小組會議時，羅伯點出了我的憂慮。我很喜愛某個案主，但老是擔心自己沒能力幫助她。「你眞的很關心她，對吧？」他說，臉上掛著感染力強大的微笑，一邊點著頭，然後，他環顧四周，對我們大家說：「千萬別低估你純然關心的力量。我無法告訴你哪個技巧比哪個技巧更高明，但是……關愛就是那神奇的元素。」這席話平息了我心中的憂慮和其他許多煩惱，告訴我鏡像反射這個能力可以有多單純。

無法繼續編織謊言，
所以開始稱呼我的狗「上帝」。
起先牠看似迷惑極了，
然後牠開始微笑，然後甚至跳起舞來。
我繼續這麼做——現在，牠再也不咬人。

我在想，這方法對人管用嗎？

——聖杜卡然（Sant Tukaram）十七世紀聖哲詩人，
丹尼爾・雷丁斯基（Daniel Ladinsky）英譯

看見自己的良善：以 RAIN 自我滋養

回想一個對自己失望至極的時刻，當你迷失在重重煩惱之中，是否還找得到一絲一毫自己的善心、對他人的關懷、正在成長的坦誠和活在當下的能力？那時，你在家人、朋友或同事身上，是否還能看到良善？

陷入自我批判時，我們的知覺過濾模式窄化了，我們的鏡像映現也扭曲了；我們監控著自己，抓自己的小辮子，預先隱藏自己的不稱職，忙著辯駁自己、證明自己或改善自己，而這樣的自我不信任，勢必會延伸到他人身上。

自我厭惡或缺乏自我價值的感覺非常劇烈時，完整的 RAIN 練習（RAIN 的逐一步驟參見第三章）將有助於帶來正念和對自我的慈悲，藉此面對遮蔽純金之心的局限信念和感受。隨著觀察的進行，我們會觸及時時影響著自己的深層脆弱；然後，通過愛的滋養，我們重新連結上更巨大、更有愛的某種存在。

我們也可以隨時直接採用 RAIN 的第四步驟「愛的滋養」，刻意尋找和沉思自身內在的良善，沉思的步驟如下：

沉思：在舉步維艱時，回想自己的良善

當我們困頓在缺乏自我價值感的渾然不覺當中，要相信自己的良善美好似乎有點困難。試著用你覺得最有效的方式讓心處於當下覺性中，然後，善用下列提示，一個或多個皆可。

- 回想一個對象——某個人、某個宗教或靈性人物、寵物等，一個讓你輕易感受到愛、欣賞和感激的對象，然後去深刻感受你自己對這個對象的

關愛。

- 回想自己覺得仁慈或慷慨大方的某個時刻。
- 想一想你喜愛或欣賞自己的特質（比如你對大自然的愛、勇於冒險、有幽默感、有探究的好奇心、不屈不撓等）。
- 想像自己回到孩童時期，然後回想你覺得突出的特質，比如：逗趣、有愛、對什麼都感到驚奇等。
- 想起一個你信任的對象，一個欣賞你、喜愛你的人，試著從對方的觀點來看你自己。
- 想像未來的你，表現出你最深奧的心意和潛力的你，成長蛻變之後的你。

我常說 RAIN 的練習，尤其是愛的滋養這個步驟，其實就是心靈的再撫育（spiritual re-parenting）。我們在學習的是，給予自己我們身爲孩子時都需要的那種鏡像反射。你可以實驗這些不同的思惟方法，看看哪一種適合自己。（如同好的撫育方式多不勝數，靈性滋養的方法也不勝枚舉。）你現在要做的就是讓多年累積的扭曲鏡像所帶來的恐懼和自我懷疑逐漸歸零，這得花上許多回合才辦得到。每一回合的練習後，用一點時間讓自己沉浸在「RAIN雨後」，感受那個覺得能滋養自己和被自己滋養的眞實的你。你愈常嚐到自己根本良善的滋味，就愈容易在日常生活中重新連結上自己的純金之心。

成爲反射他人良善的鏡子

前南非總統曼德拉曾寫道：「過於推崇人們沒什麼不好，他們往往會因此變得更高尙，言行舉止更美好。」

你是否記得正向的鏡像讓你有所轉變的時刻？那些自信得到深化的扭轉人生的時刻，對我而言仍歷歷在目——有位朋友的父母曾告訴我，我聆聽他人的方式很特別，很能幫助他人；有位朋友的哥哥，哈佛大學神學院學生，曾經在回覆我追根究底的哲學問題之後，形容我「非常有靈性」；剛開始對瑜伽生起高度興趣時，某天，我的瑜伽老師告訴我，她感受得到我對這條道路的投入。

這寥寥數語幫助我認出且信任自己的存在，它們變成了我生命旅途上的友伴，而想起它們對我的衝擊和影響，一再啓發著我給予他人這鏡像反射的禮物。

沉思：滋養過你的恩人

以舒適的姿勢坐下來，閉上雙眼，放鬆身體。現在，回顧你的一生，想起一位帶給你正向影響的人，問自己：「他們何時反映了有關我的鏡像，幫助我相信自己的良善？」回憶浮現時，就停頓一下，容許自己感謝他們，感受一下他們的話語或行動如何滋養了你。

我們需要刻意努力訓練自己全然的慈悲心，才能成爲反映良善的明鏡。當我們自己都渾渾噩噩——先入爲主、焦慮、容易情緒化反應、缺乏覺性的自動反應等，這時往往無法看見他人的良善美好，反而會著意在不喜歡之處、看似糟糕之處。如果想要變成滋養別人的明鏡，就必須先保持神志清醒、當下覺察且悉心有意。

看見良善：三個關鍵問題

- 對方關心的是什麼？
- 我是否以新的觀點在看待對方？
- 什麼方法最能幫助對方知道自己的良善美好？

對方關心的是什麼？

羅根，這個年輕人已經參加過我們好幾個閉關課程，他總是對自己很嚴苛，充滿了自我懷疑。某次協談之中，我問他是否記得最近有任何放過自己的時刻，讓他覺得安然放鬆；「有的，前一天眞有這樣的感覺。」他說。某個禪修座上，他注意到禪房另一邊一位年長女士坐在椅子上，她的腳踏不到地面而懸在半空中，看起來就很不舒服的樣子，於是他起身找了一個坐墊，放到女士腳下，再回到自己座位上時，他察覺到心裡湧現一股暖意、人與人的連結，以及祥和平靜。

我停了一下，說：「羅根，這麼做眞是太貼心了……我眞心感受到你如此重視仁慈之心，你活生生體現了它。」我們繼續談話，我告訴他，我相信他具備奉獻他人的許多能力，並擁有作爲優秀禪修老師的各種特質。協談結束之前，我謝謝他對那位年長女士的貼心舉動，那位女士，恰恰好就是我母親！我們分開時眼眶都含著淚水，被共享的仁慈鏡像反射所感動。

二年後，羅根開始去監獄教禪修，也協助引導青少年。在一封電郵之中，他告訴我一個故事，有一個十七歲女孩，深陷執拗的自我批評之中；在一次他擔任助教的青少年靜修課程中，他問她是否記得心裡曾感到輕鬆自在的時刻，她說，就是當她在禪修團體幫助他人時。就像我曾經爲他所做的，他也將她的仁慈和良善反過來投映給她。當他問她，幫助別人有什麼感受時，她臉上的線條柔和了起來。「覺得我好像一點也不糟糕。」她說。

我們可以在人們做著所愛之事時，清楚看到他們的良善美好，這時最能夠觀察到他們重視的、能讓他們活力十足的事。提醒他們這份良善美好，有助於讓他們一輩子的自我瞋恨或自我疏離逐漸歸零。當我們問自己：「對方最關心、最重視的是什麼？」我們就開始能夠穿透表面的想望和恐懼——也就是我執的覆蓋，然後，幫助他們也這麼做。

我是否以新的觀點在看待對方？

最親近的人能從我們身上得到的正面鏡像反射，往往被我們剝奪；因爲，我們老是帶著舊習看待他們。我們陷入渾然不覺，卡在自己對他們的假定設想中，老是假設他們會這麼想或這麼感覺。詩人艾略特（T. S. Eliot）的一首詩寫道：

我們對別人的認識，
僅是認識當時得到的記憶，
在那之後，他們實已改變。
當銘記，每次見面，
我們見到的，是個陌生人。

要穿透往昔的熟悉觀感，我們必須訓練自己通過全新的眼光來看待他們，要眞的對他們感到好奇、有興趣。我自己覺得管用的一個小技巧是，先直視對方的眼睛，眞的去想：對方的眼睛是什麼顏色？接著，把疑問透過那雙眼睛擴大到你正在凝望的整個人身上——我知道對方現在最關切的是什麼嗎？如果這是我第一次或最後一次見到對方，最想給他們的我的存在和關心是什麼品質？如果他們離開了，我會記得他們哪些根本良善的特質？

有時，我會選定一個人，為對方做究諾父母為究諾做的事，連續幾週都練習這個部分，看看對方的根本良善如何在他們的生活中演變。

找找對方身上因為彼此熟識而錯過的特質，因為熟悉而養成刻板印象、盲目不見和無聊厭倦，你無法愛上不能從新觀點來看待的人事物，你無法愛上自己一直看不到新光景的人事物。

——安東尼．戴邁樂

什麼方法最能幫助對方知道自己的良善美好？

表達自己的感謝或欣賞是一份親密的禮物，但我們可能會覺得害羞或不好意思，或者害怕自己的發言不被接受。我們或許認爲自己在對方生命中是微不足道的角色，所以認爲我們注意到的一切對他而言無足輕重，又或者我們根本就沒有習慣這樣表達自己。

作家兼（腫瘤科）醫師瑞雀・娜歐米・雷門（Rachel Naomi Remen）提到她祖父，一位猶太教祭司的故事。祖父總暱稱她「暱修梅蕾」（Neshume-le），意思是「摯愛的小靈魂」（little beloved soul），他的話語就像是祝福的加被，讓她對自己在世上的歸處倍感自在和自信。祖父過世之後，瑞雀告訴母親，祖父的這些祝福對她至關重要，母親回應：「瑞雀，妳這一生當中的每一天，我都給了妳這些祝福，只是我從未有那份智慧大方表現出來。」

我發現，修心或內心的訓練，比如蓄意聚焦思惟人們的良善美好，可以讓我們倍感溫馨，而更能自然表達對對方的欣賞或感激。這就是爲何我請究諾的父母想想他的良善美好，以便轉換他們心意的焦點。

佛法中，慈心禪修就是在做這種練習。傳統的禪修方法中，我們一圈一圈擴大思惟更多眾生的良善美好，最後把一切處的一切生命都含括在內，並循著固定的短語詩偈來進行思惟。過去數十年來，我發現以視覺意象、碰觸和輕聲說出一些話語來實驗這個練習時，禪修更能得到體現且力量更巨大。正如前面提到的，學生們都發現，把手放在心口，悄聲對自己說：「親愛的，沒事」或「它本來就屬於這裡」或「願你快樂」，或任何讓你自己覺得自在的話語來表達慈心，這改變了他們的生活。

我自己實驗之後體會到的一個練習，直到今日我都還在採用。為期一個月的禁語閉關即將結束，某天吃晚餐時，有一位座位離我很近的年長男士，他的溫和和仁慈深深觸動了我。當時我突然想像自己和這位年長男士面對面站著，彼此凝望，然後他閉上雙眼，我輕輕在他額頭上吻了一下。這個意象讓我心中的溫柔有如泉湧，是靈魂相連的感覺。自此之後，我把這個練習用在所愛的人身上，用在陌生人身上，用在素未謀面的眾生身上。我停下來看著他們的良善美好，然後想像自己送給他們一點愛的表示——比如額頭上的吻或輕撫他們的臉頰，或溫柔的擁抱。我通常也會加上一段祈禱文，有時默念，有時輕聲說出來。這個完整又顯明的練習讓我打開心扉，進入溫暖又溫柔的心性空間——這個彼此共有的心性空間容納了我自己、所有我心裡想過的人，實際上就是所有的眾生。

這個禪修也提醒我，要把自己的祝福大方表現出來。當我真的和心中想過的那個人相處時，馬上就會覺得親近多了，我益發能夠認出他們的根本良善，然後我會問自己：「要如何才能讓他們知道呢？」

沉思：「大方說出來」的前行暖身

先靜坐幾分鐘，放鬆身體，讓心靜下來。當你覺得自己與當下同在、有當下覺知時，想起一個你愛的人。提醒自己為何欣賞對方，為何喜愛對方——或許是他們眼中的情感、他們的開朗活潑、幽默感、誠實等。感受一下你對他們的欣賞、喜愛在身體上產生了什麼覺受。

現在，想像你到了他們面前，對他們形容你在什麼時候特別感受到他們的美好良善，他們會如何接受你的鏡像反射呢？給予他們這些之後，你自己有什麼感覺？而這個分享又如何影響你對彼此關係的感受？

結束練習之前，重新發起動機，希望可以當面把這個正面鏡像的禮物送給他們。

將慈心的練習體現在生活中的十種方法

• 每天早上發起思惟某人優點的心意，爲期一週。這個對象可以是同住的家人、朋友或你常見到的人。然後，日間每當想起對方的時候，便悄悄爲對方祈禱。

• 每當有人觸發你煩躁或沒有安全感的情緒時，停頓一下，想起對方的某個優點，然後默念：「願你快樂。」

• 選定一個你常遇見的、沒有特別感受的「中性」對象，接下來這一週，每次遇到對方的時候，就提醒自己他們有什麼優點，悄悄爲他們的幸福祈願。注意看看自己對此人的感覺是否在轉變。

• 選定一個「難搞」的對象，每天在固定時間想想他的優點。爲他們做慈心祈願至少二週之後，問自己：「我對對方的感覺改變了嗎？他們對待我的方式是否有任何變化？」

- 探索看看，當你讓對方知道，你看到了他們的良善美好時，有什麼變化發生。
- 實驗看看，用各種不同的話語、意象或手勢等來喚醒彼此相連、關愛的眞摯感受，以此方式保持這個練習的新鮮、活力。
- 試試看爲自己或他人大方地輕聲說出祈禱的話語。
- 試試看說出你祈禱的對象的名字。
- 想像並感受你的心擁抱著你要祈禱的對象。
- 觀想他們得到療癒，得到愛，因你的祈禱而得到鼓舞。

即使是片刻地思惟良善和提供慈心，也可以讓你與純潔的愛心重新聯繫起來。

超越偏見：看見所有眾生的良善

你是否想像得到，自己竟能在每天的日常生活中，欣賞跟你互動的人的心靈，以及雲朵、鳥兒、綠草和樹木的美？當然你也會接納痛苦的境遇，或許是對傷害你的加害者的憤怒，又或許是某朋友因伴侶罹患阿茲海默症而深感痛苦。然而，這一切當中仍有覺性，會記得體現在我們存在中的良善與美好。托馬斯．默頓曾寫道：「生命是如此單純——我們活在全然澄澈直透的世界中，一直以來，神性透過世界發出璀璨的光芒；這並非只是美好的故事，而是事實。」

在某個聖誕節前夕，我聽到在教堂聚會中朗讀的一個故事，這個故事恰如其分地道出了這個精神。

某個聖誕節，一位女士、她丈夫以及一歲兒子，在長途驅車的路途中找到一家餐廳。餐廳內很安靜，沒什麼人，他們滿心歡喜地等著服務生上菜，這時，坐在兒童高椅上的小男孩開始對著這對夫妻背後的人揮手，打招呼說：「嗨！」小男孩的媽媽很不高興地發現，竟然來了一個瘦弱又衣著凌亂骯髒的人，顯然是個喝醉的流浪漢；現在換他對小男孩揮著手，呼喚他：「嗨，寶貝，你好！我看到你了，小子！」

小男孩的媽媽和爸爸交換了眼神，餐廳裡其他幾位顧客也投以嫌惡的眼光，但老流浪漢繼續逗著小男孩玩，服務生上菜之後也沒有停下來的意思。「你會不會拍手遊戲？好小子⋯⋯會不會玩遮臉躲貓貓？看看，他果然會玩遮臉躲貓貓呢！」小男孩的媽媽試圖把兒童高椅轉個方向，但兒子卻大聲尖叫起來，一直把臉轉向他的新朋友。

最後，夫妻決定不吃飯了，小男孩的爸爸起身去付帳，媽媽把小男孩抱在懷裡，暗自希望可以快快躲過坐在餐廳門邊的酒醉老流浪漢。但就在接近他的時候，小男孩伸出雙臂，一副「來抱我」的樣子，然後讓自己倒向流浪漢張開的懷抱。

不過，就在小男孩把頭枕在流浪漢肩膀上的同時，男孩媽媽看到了流浪漢眼裡噙著淚水。他溫柔地抱著小男孩，輕輕搖著，然後直視她的雙眼，「好好照顧這個寶貝呀！」他口氣堅定。然後慢慢把小男孩還給媽媽，「上帝祝福你，女士！謝謝妳給了我珍貴的聖誕節禮物！」

她肯定是含糊地回了什麼話，但就在衝向汽車之際，臉上兩行眼淚奔流而下，她心裡一片空白，只是一直想著：「我的天！上帝呀，請原諒我！」

聽完這個故事，我對自己未曾「看見」某些人感到深深的痛悔、心疼。

學習去認出默頓所稱的「祕密美」，真的是讓我們所有人破除框架而昇華心靈的任務——這就是全然慈悲的核心精神。我們需要在心靈上再次撫育、教養自己，然後藉由看到他人的良善美好，幫助他們信賴本來的自己。

然而，我們被制約成把注意力局限在選擇性的少數，卻常常不經意地下意識忽略多數。若真想療癒自己和這個世界，當務之急即是將有意識的關切之心拓展到自己親密的親友圈之外。

禪修：看見祕密美（慈心）

佛教提到的「慈心」禪修，能喚醒我們無條件的友善和愛人的能力。一旦開始把注意力放在自己和一切眾生的本具良善上，我們的心房便會豁然開放。

以舒服放鬆的姿勢坐下來，盡可能放下緊張壓力，動動你的肩膀，放鬆雙手，放鬆腹部。感覺你的眼睛在微笑，這個微笑讓你的眼神柔和下來。嘴角上揚，讓自己微微一笑，然後感覺這個微笑充滿了你的嘴部，讓微笑進入你的心，然後想像這個微笑開始向外擴展，在心間和胸腔創造一個全然接納的、溫柔的空間。

現在，心裡想起一個你所愛的人，理想上最好選一個彼此關係單純的對象，花點時間想想你最喜愛對方的特質，回想對方的聰慧、幽默、仁慈、活力等。想像對方對你有愛的時刻，覺察對方良善、令人感到醒覺且關愛的本質，心中默念對方的名字並對他說「謝謝」，然後注意觀察你對他的喜愛、欣賞如何充滿自己的心。再用一點時間，心中默念你覺得有共鳴的祈禱文或任何祝願的話語，向他表達你的愛，你也可以想像以肢體動作表達愛（比如親吻對方的額頭、摸摸對方的臉頰、擁抱對方等）。

接下來，把注意力轉向自己的存在和關愛心，想想自己的良善，比如對他人的關愛心，或其他任何你可以想到的美好特質，這樣冥想一段時間。好好感受自己深切的祈願——祈願愛得更美好，祈願趨向實相，祈願活得更完滿等，也好好去感受自己發心的良善。

如果覺得難以觸及自己的良善美好，可以想想某個你信任且愛你的人，透過他們的眼睛來看你自己，看看是誰隱藏在表面的條件反射之下——也就是進化、提升之後的你（未來的你或眞實的你）。在看見自己的良善時，你也可以獻給自己一個愛的溫柔表示，比如把手輕輕放在心口，然後對自己說一些關愛的話語。

現在，把關愛的圈圈擴大，在心中想起一個「中性」的對象（比如常見面卻不熟或沒什麼感覺的人），用一點時間回想對方的長相、動作和說話的樣子。現在，試著想像對方望著可愛的孩子……或驚嘆初雪之美的樣子……又或者對方開懷大笑、輕鬆自在的樣子。提醒自己，他們也想要快樂，不想受苦。當對方彷彿活生生出現時，想像獻給他們動態的關愛手勢，以及希望他們幸福的祈願。

現在，想起一個跟你處不好的人，或許是惹你生氣的對象，或讓你恐懼或受傷的人。首先用一點時間照顧自己想起對方時的感受，仁慈且不帶批判。然後，轉向這個難纏的對象，試著穿透表面的覆蓋來看他，找找看對方根本良善的面向。把對方想像成年幼的孩子，平靜地熟睡著，這可能很有幫助，也可以想像對方正處於彌留之際，即將要踏上黃泉路。你是否能想起自己欽佩對方的優點，或許是專注投入、關心他人或富有創造力等特質？就算難以認出對方的優點，也可以提醒自己，所有人都想要幸福快樂，想要避免痛苦；要記得，就像生命對你而言很重要，對方也是如此。溫柔地觀照著對方，想像自己獻給對方關愛的手勢或祈禱。

接著，想像把剛剛祈禱的對象都集合起來，你愛的人、你自己、中性的對象，以及難纏的對象，把自己和這些人都擁入心中，感受你們共同的人性、脆弱和根本良善，把關愛的祈禱同時傳送給這些人，要清楚知道你自己也包含其中。

最後，把你的覺性向四面八方打開——面前、左右方、後方、下方、上方。在這個寬廣的空間中，實在地感受你這份愛的存在擁抱著所有眾生，空中飛舞、水中優游、奔走大地的各式各樣野外生物、生活在人類家中的寵物貓狗、瀕臨絕種的生物、綠樹茵草和鮮花、各地的孩子、生活貧困的窮人和財力雄厚的富人、生活在戰亂中的人和生活祥和平靜的人、正在面對死亡的人和新生的嬰兒等。想像你可以把整個地球（大地之母）擁入懷中，將一切處的所有生命都納入你浩瀚無垠的心中。對所有生命本具的良善保持覺知，再一次貢獻你的祈禱。

RAIN 雨後：你或許會問：「送出愛的祈禱時，那個我是誰？」讓自己安歇在開闊和寂靜的境界中，無論心中或覺知中浮現什麼，讓那份慈愛去觸動它們。

問與答

Q 怎麼可能每個人都擁有「祕密美」？史達林、希特勒、伊迪·阿敏（Idi Amin）呢？某些人不就是邪惡嗎？

A 有多重元素會影響人格形成，包含基因、代際創傷（intergenerational trauma）、童年虐待、社群打壓、戰爭等，我們愈了解這些，就知道難以武斷地判定任何人類「就是邪惡」。被囚禁在蘇聯勞改營多年的俄國作家亞歷山大·索忍尼辛（Aleksandr Solzhenitsyn）寫道：

如果一切這麼簡單就好了！如果只是某處有一些惡人，暗中做著壞事，那麼，只需要把他們隔離，消滅他們即可；但事實上，所謂善惡的分界，存在每一個人心中，誰願意消滅自己那一塊心呢？

沒錯，人類心靈有時如此混亂或負傷，以至於我們大部分良善的軌跡都被遮蔽了。但是，我們若能記得這些「壞」人也曾是無助的孩子；若能想像他們也會悲傷哀泣，極度渴望他人的慈愛或關注；若能體會他們也不想受苦，那麼，我們應該就能直覺感受到他們心中那份人類共有的良善。

我常想到一位藏傳上師的法語：「人類勇氣的精華就是：拒絕放棄任何人。」相信人性本善有助於接納自己的不完美，也接納他人的瑕疵。無論某人看起來有多麼充滿仇恨、憤怒或沉溺成癮，他心中的良善和能喚醒良善的覺醒種子都在，而實際上能呼喚它現前的，就是對此黃金之心的信任。

Q 告訴對方他們的優點，是不是只會讓他們貢高我慢，看不見自己的缺點？

Ⓐ關於這個問題，我們要回到之前提到的，一個人的「好的我」（讓我們贏得社群接納度的自我特質）以及「壞的我」之間的差異。對「好的我」適度讚美，比如讚賞對方的運動細胞、機智風趣、外表的美麗或數學能力等，短時間內或許可以給他們肯定和動力；但是，正如你提到的，過度的讚美卻能導致不健康的自我膨脹。更重要的是，這傳遞了引發壓力的信息：我們必須不斷努力去贏得他人的讚賞和愛。

相反地，當我們反饋對方的根本良善時，其實是去認出愛和覺性的共通特質在他們身上表現出來的時刻。我們反饋給對方的是超越改變和能力局限的本我。這完全相異於膨脹他們的自我，這個信息能讓對方感受到自己的生命歸屬，給他們一種體會到自己歸屬於生命整體的祥和平靜。

想想自己的生命，你就可以感受到這個差異。多年來，我發現無論「好的我」得到什麼成就，都無法解除自我價值感匱乏的渾渾噩噩。然而，每當我想起這個根本良善——每當我感受到愛的連結、與當下同在、敬畏感或感恩心時，自我價值就不是什麼問題了，我就在眞實的本我之家。

你可以想像自己的本我就像是海洋一般，表面有著起伏變化的波濤；你若清楚自己是海洋，就不會懼怕海浪。（如果忘了自己是海洋，你就會整天暈船。）幫助他人看到自己的根本良善——海洋，並不代表會遮蔽他們看到海面上那些需要關注的我執浪濤；相反地，我自己一次又一次見證過，當我們對自己的根本良善有信心時，就益發努力想要把RAIN的正念和慈悲帶到會造成痛苦和分離感的經驗上。

10
慈悲之雨

你的修道並非去找尋愛，
而是去探索並發現
自己建構於內心的、對抗愛的所有障礙。

——魯米（Rumi）

你若是來幫助我的，那可就浪費時間了。
但你若是因爲你的解脫和我的息息相關而來到這裡，
那麼，我們就一起努力。

——澳洲原住民激進團體（Aboriginal Activist Group），
一九七〇年代於澳洲昆士蘭州

賈維斯·傑·馬斯特斯（Jarvis Jay Masters）是被長期監禁的囚犯，也是禪修行者。某天，在聖昆丁州立監獄的放風場上，一隻海鷗降落在一攤水窪上，他看到一位身型高大的年輕囚犯撿起石頭丟向海鷗；放風場上的不成文規定就是別管閒事，因爲再小的插曲都可能導致暴力事件，但賈維斯卻立刻舉手制止他，年輕囚犯怒氣沖沖，發火吼道：「你幹嘛！」大家隔岸觀火，以爲二人會幹起架來。但是賈維斯又立刻回答：「這隻鳥有我的翅膀！」年輕人嘴裡咕噥了一下，搖搖頭，但不知爲何，緊張的情勢就這麼消退了。接下來好幾天，許多獄友都來問他：「賈維斯，你那天說的是什麼意思？」

我們內在的某個東西知道賈維斯·馬斯特斯在說什麼。每當我們關注另一個生命，無論是人、寵物狗、最喜歡的植栽，或是一隻鳥，這個生命就開始變成我們的一部分，變得對我們很重要。我們共享了相同的一雙翅膀，共享了想要活得淋漓盡致且自由自在的渴望；但我們也很熟悉渾渾噩噩的狀態——也就是當成見、批判或威脅感輕而易舉讓我們感到疏離，特別是不認識的人或與我們不同的人對我們這麼做的時候。

渾然不覺時，他人都變成了「假他」或「不眞實的他人」，而不是跟我們一樣客觀存在而有感覺的眾生。渾然不覺的時候，我們可以眼睜睜看著每日新聞報導他人受苦的消息，例如洪水淹沒家園、難民家庭被拒絕入境、又有人吸毒過量身亡、同性戀少年自殺等，卻毫不覺察這些其實都是活生生的眾生。「眞可怕啊」——我們可能會這麼說，或想著：「若非上帝的恩典，這恐怕也會發生在我身上」，然後轉身繼續忙我們的事。

不過，陌生人當然不是唯一的「假他」，我們愈是覺得壓力大或情緒敏感，就愈會把最親愛的人都當成不眞實的他人。正如我們會拒絕去看他們的根本良善，我們也會關閉心房，把自己關在他們的脆弱之外；當我們對他人的創傷和恐懼感到麻木不仁時，便也失去了回應人性溫暖和溫柔慈愛的能力。

然而，我們每個人都有潛能可以把「這隻鳥有我的翅膀」的精神，帶給其他所有的眾生——這個領悟能帶來眞正敞開心扉的喜悅，這就是療癒我們這個星球的希望。在本章之中，我們將探索從 RAIN 中覺醒的全然慈悲，如何消弭對「假他」的渾然不覺。

假他的演化根源

我們慣於無視他人的眞實存在，這種根深柢固的習氣肇始於求生本能。幾百萬年來，我們最初的祖先以小型獨立團體生活，因此，熟悉感意味著安全感，任何陌生人都是潛在的威脅。

這些團體或族群稱自己爲「人類」，其他族群則是「比人類低等」，是應該被仇視或恐懼的敵人。由於「人類」不同於其他族群且更優越，所以他們毫不猶豫就會攻擊、侵略其他族群——如果不是人類，我們就可以傷害他們、偷取他們的所有物、奴役他們、殺害他們。

然後，大約七千年以前，人類進入了語言、溝通和共同合作的戲劇性大躍進帶來的認知革命，這連結了大腦發展的根本性推進，達到了前額葉皮質在正念、邏輯、同理心和慈悲心，以及用以求生的大腦穩定可控的反應等各種能力的高點。

隨著認知革命推進人類社會之間溝通的增加，這創造了關鍵性的進化軌跡——相互依賴的全球社區開始成形。然而，在大腦最原始的部分，無視他人的眞實存在仍持續著，現在反過來危害到我們自己的生存，讓我們陷入了退化而有毒的渾然不覺當中，它催化了爲人所接受的種族歧視、階級優越、對難民和其他弱勢族群的打壓、對非人類的各種動物進行難以想像的殘忍屠殺、戰爭及對地球生態盲目莽撞的破壞。

話說回來，即使古老的求生大腦頑固持續著渾渾噩噩、無視他人眞實存在的習慣，但我們進化的前額葉皮質又提供了解除這個機制的各種工具；無論以個人或社會整體而言，我們有能力認出讓自己掉落到覺性線之下的偏見，一旦意識到這些偏見，我們就益發能夠以醒覺且懷抱一切的心來做出回應。

沉思：將隱性偏誤提升到覺性線以上

「隱性偏誤」（implicit bias）是專有名詞，指的是根據社會制約，我們在潛意識或半意識中，把某些人或族群歸類成某種刻板印象。請將下列思考項目視為自我了解的機會，而不是變成助長罪惡感或自我批判的燃料。

心中想著下列族群：

一、不同種族（民族）

二、不同人種或國家

三、不同宗教追隨者

四、不同性取向者

五、不同性別者

六、不同能力者（或殘疾）

七、不同社會階層者

八、不同政治傾向者

可能的話，上述每個族群中，想起幾個你自己認識的人。這麼做的時候，注意觀察心裡浮現的任何微妙評價或批判，你認為他們在聰明才智、倫理道德、長相、愛人的能力、心靈能力或一般能力上，比起你更低劣或更高明？想像如果自己的孩子或親近的人與這些族群的人共譜鴛鴦曲，注意觀察自己身體的反應，因為生理反應比心理偏見的呈現更容易識別。這樣審視的時候，也注意自己，是否容易因為覺得某些族群很壞、不道德或不正常或對他人造成傷害而怪罪他們？

心理學家和神經學家對隱性偏誤做過實驗，結果發現隱性偏誤甚至會落在自身族群的能力或價值上。

終結南非種族隔離政策的諾貝爾和平獎得主，南非大主教戴斯蒙．屠圖（Archbishop Desmond Tutu）說了一個自己經驗中令人難忘的故事：

爲普世教會協會（又譯爲：世界基督教協會）工作時，我去了奈及利亞。我得飛去約斯（Jos），所以到了拉哥斯（Lagos）州機場。登機之後，發現駕駛艙裡的機長和副機長都是黑人，哇，我可驕傲了——這眞的很棒，你知道的，因爲我們一直被灌輸概念說黑人沒能力。我們順利起飛了，結果途中遇上超級大亂流，太恐怖了！可是你知道嗎？我腦中浮現的第一個念頭竟然是：「喂！駕駛艙裡沒有半個白人，這二個黑人到底行不行呀！」我都不敢相信自己竟然這麼想！顯然他們當然行，我還活得好好的在這裡講話。但重點是，我從不知道自己被洗腦得這麼徹底，眞的相信了白人在南非給大家反覆灌輸的觀念，認爲黑人就是比較低劣，認爲我們沒有能力，這已經變成了我潛意識的一部分。

早期的正念研究人員指出，正念練習產生的關鍵影響，就是減少了下意識的慣性思考過程，這個見解受到近期的發現所支持，顯示正念練習真的能減少對年紀和種族的隱性偏誤。如果你想到黑人和老化，就會聯想到：黑人很壞、老化很糟，正念可以鬆綁這些聯想，讓你注意到這些，並且質疑這些想法，如此即能對有色人種或老年人有更清楚的認識，減少來自社會制約的偏見所造成的扭曲想法。這能讓你的心更加自由，而能認出自己也共有的脆弱和渴望。對自己受制約的心提出質疑可延伸到自己對他人的成見，也可推及我們對動物所抱持的分離感和優越感。

多年前，我對這份理所當然的優越感有了覺醒，當時我正在美國藍嶺山脈（Blue Ridge Mountains）帶領春季閉關靜修課程。禪修中心座落在牧場附近，每天早晨靜坐時，可以聽到母牛因小牛被帶離身邊而悲鳴（在乳品和肉品工業中，小牛甫出生，便被養殖者從母牛身邊帶走，以便讓母牛再次受孕）。哺乳動物對自己的孩子都有天生的母愛執著；現在，有生以來第一次，我可以想像這些母親和孩子撕心裂肺的痛，其他人也感同身受，所以我們開始在每日修心座上把牛媽媽和牛寶寶都觀想進來，深深去感受工業式養殖牧場造成巨大痛苦的事實，當時我就開始吃素，接下來的幾年，我的飲食習慣也逐漸轉向純素主義。

「假他」的觀念讓我們對其他牛物閉鎖了心房，而 RAIN 的階段步驟則讓我們開始認出並解除這種觀念。RAIN 的正念問的是：「如果那是我，我會有什麼感受？」然後逐漸培養出真正的理解。RAIN 的慈悲讓我們得以對他人有了由衷的反應，說：「那隻鳥有我的翅膀。」

接納另一個衆生：認出和容許

面對其他眾生時，先練習 RAIN 的第一步驟：發起一個心念，樂意去認出他們當下的狀況——他們的心情或情緒、能量或活力程度、他們表達自己的方式、長相等。然後，在第一個被我們注意到的現象上停頓下來，容許它發生，包容它，不帶任何批判或評論。

我最近看了一部影片，恰恰把認出和容許這二個練習描述得好美。這部影片叫作〈超越邊界之遙〉（Look Beyond Borders），西元二〇一六年的作品，是某個心理研究的一部分，從抵達歐洲的幾百萬難民中邀請幾名，與地主國的幾位來賓配對進行研究活動。影片中，研究人員讓配對者面對面坐著，請他們靜靜彼此對望四分鐘，直視對方的眼睛。起先，有些人緊張微笑著，有些人笑出了眼淚；然後，在一陣靜默之後，鏡頭聚焦在一位柏林女士身上，她與一位敘利亞男士面對面，她說：「你自己隻身來到這裡嗎？還是和家人一起來？」「自己一人。」他輕聲答道。然後停頓了一下，補充道：「這就是人生。有時平順，有時困難。」然後四分鐘時間到了，他們站起身來，緊緊擁抱，他們彼此變成了眞實的人。

這就是不帶批判的正念覺知「認出和容許」所具有的力量。不過，練習時如果浮現了批判的心念，這時該如何呢？這時可別開始批判自己，只要單純在心中想起 RAIN 的步驟，認出和容許這個批判的心念，觀察和感覺它在體內活動的能量，然後對你發現的這個心理狀態獻上關愛之心即可。

看清「這只是一個念頭」，就能爲 RAIN 的下一步驟清出一條道路，容許你繼續進行觀察，看到這能夠大幅鬆開批判的心。

沉思：直視對方的眼睛

這是消除意識渾然不覺的方法中，我找到的最珍貴的訓練方式。如果有伴侶、家人或朋友願意和你一起探索，你可以試試這個方法。

二人面對面促膝而坐（彼此膝蓋幾乎碰觸的距離），閉上眼睛。做幾次深呼吸，放鬆任何明顯的壓力，容許自己安頓下來，保持當下覺知。沉思一下彼此都想要給予對方穩定、開放而不帶批判的關注。約莫一分鐘之後，打開你的眼睛。就這麼靜坐五分鐘，直視對方的眼睛。純粹認出（注意到）出現的體驗，並容許這些體驗呈現。之後，花一點時間彼此分享自己的經驗。

強化對他人的關注：觀察和愛的滋養

露比．塞爾斯（Ruby Sales）是資深民運人士，也是終生社運人士，專門關注精神生活社區建築的議題。在和克麗斯塔．提貝特（Krista Tippett）的美好訪談中，我聽到她描述自己轉化過程中的轉捩點。

一天早上，露比正在美容院梳整頭髮，突然間，美髮師的女兒跌跌撞撞走進來，明顯在街頭度過了糟糕的一晚，筋疲力盡，傷痕累累，嗑藥上癮。露比一見到她，心中油然湧現簡單的關心，問她：「哪裡痛了？」聽到這句話，女孩多年壓抑的傷痛一股腦兒湧出。女孩從小就經歷性侵害，飽受創傷，她把這些祕密鎖在心裡，連媽媽都不知道。露比聆聽著女孩的控訴，知道自己需要擴大工作領域，才足以關注到大家生活在這世上所經歷的內在生命，並直搗苦痛的根源，喚醒大家眞實的理解。

「哪裡痛了？」現在，當露比談到種族歧視，不只談到有色人種的痛苦，也關切她稱爲「白種美洲人的精神危機」。她提到，「阿帕拉契山區有一位四十五歲人士正步入死亡的危機，他覺得白種人被滅絕了，因爲白種人族群比起往昔已經大規模縮小。」還有，「麻州白人對海洛因上癮，因爲他們覺得自己的生活毫無意義可言。」露比正在呼籲一種「愛的宗教」，希望大家可以由衷去理解和關懷可能曾經被我們視爲敵人的人。

觀察能揭顯心的脆弱處，而這自然而然就能啓動愛的滋養。當我們問對方：「哪裡痛了？」或是更概括性的「如果我是你，會是什麼感覺？」這能讓反射式的求生大腦鎭靜下來，喚醒同理心、諒解和關懷。

維拉瑞．考爾（Valarie Kaur）是民權律師、社運人士和錫克教徒，在九一一事件之後的幾天、幾個月、幾年的歲月中，這樣的提問對她而言尤其迫切。在雙子星大廈倒下之後，第一個因仇恨犯罪被殺害的人，就是她親如叔叔的錫克教徒。兇嫌是自稱愛國者的男人，宣稱自己決定「出去射殺幾個包頭巾的人」，進行報復。

維拉瑞感到絕望和懼怕，她年輕的兒子就包著傳統頭巾，這使她每天都在擔心兒子的安危。「人們把他視爲恐怖分子，」她說：「就像黑人都被視爲罪犯，女人都是男人的財產一樣。」在驚懼之中，她深深省思，想要知道回應這起謀殺的最好方式。慢慢地，她意識到自己並不想讓痛苦硬化成針對「假他」的憤怒，於是她心中浮現了兩個問題，這兩個問題引導著她的工作：

我們的愛，尚未給誰？

我們能否發起熱切的意願，去了解並照料他們的創傷？

她把注意力轉向了觀察和愛的滋養。

在親如叔叔的親人被殺害的十五年後，維拉瑞聯絡上在監獄服刑的兇手法蘭克。一開始進行電話聯絡時，法蘭克迂迴影射，暗諷她叔叔和九一一事件受害者的死亡有關，維拉瑞穩住自己的情緒，提醒自己內心深處那股想要了解他的動機。然後，突然間，她很驚訝法蘭克竟然終於同意與她對談。法蘭克告訴她：「我爲自己的行爲感到抱歉，對不起……有一天當我死去，受上帝審判時，我會請求與他（維拉瑞的叔叔）見面，我會擁抱他，求他原諒我。」

現在，維拉瑞在全國演講，推廣以愛爲根本，集體努力實現社會正義和經濟正義。她把社會運動比擬爲分娩的痛，第一個關鍵步驟就是吸氣時，進入疼痛中，接納它。此處她在引導的是進入正念而不帶批判的當下覺知，進入這個尋求了解和全心感受現況的當下覺知——觀察和愛的滋養，對他人保持了解的意願，並照料他們的創傷。唯有如此，我們才能有效運用足以扭轉乾坤的能量——將一種新生活引入這個世界中。維拉瑞繼續對人們描述她的目標，她以自己個人的情況爲例，這麼說道：「有那麼一天，你會把我兒子視爲己出，我不在的時候，你會保護他的安危。」

行動中的 RAIN：面對種族分歧

愛往往需要費心經營，發生衝突的時候，我們會在瞬息之間退回用以求生的大腦運作；幾年前，我在一場本地社區的多元種族會議中，深刻體驗到這點。我剛坦誠分享自己身體健康出了問題，試圖解釋爲何我希望可以少一點會議，下一刻我就因爲一位美國非裔朋友的發言而受到了傷害，感到憤怒且震驚。她生氣地回應我的請求：「我對你失望透頂……無法再相信你對我們這個團體的承諾。」會議結束之後，我們兩個都很難過，並且疏遠了。

她怎麼可以如此不體貼？她難道不知道這些議題對我來說有多麼重要？這麼多年來，我不是一直活躍在好幾個團體中，點出白人優越感和種族不公嗎？

那天後來，我有點空閒時間靜下來，**RAIN** 開始運作了——首先看著我的反應，很快就認出和容許「受傷」和「憤怒」的感受。進行觀察時，我感受到被背叛的感覺——在這麼脆弱的時刻，我還滿心信任分享自己的健康問題，卻像是被狠狠打了一巴掌。我心裡相信的是：「她不懂！也不關心！」然後，我給自己愛的滋養，我把手放在心口上，從覺得受傷的地方做深呼吸，心裡默念：「親愛的，沒事。」這個熟悉的過程讓我安靜下來，給了我空間。但是要把 **RAIN** 用在我朋友身上，卻難多了，我可以認出和容許她的難過，但是觀察老半天也沒有結果。

一週後，我還是卡在那裡進退維谷，我問另一位朋友（也是有色人種），試著想了解為何我的團員如此生氣。我告訴她，我已試著去了解她，但對於她這樣的反應還是覺得一頭霧水。朋友說：「塔拉，對你來說，這只是組織幾場會議而已，身為白種女性，這些會議是可有可無的，但是對於美國非裔女性而言，卻是攸關生死。」

倏然間，我的覺性轉向了，我想起了那位朋友幾次分享她有多擔心正在坐牢的孫子，也想起了她精彩的部落格，訴說自己感覺就像所有街頭討生活的非裔美國人的母親一樣，這些人都是種族歧視暴力的受害標的。我們的會議是更大的種族歧視療癒進程的一部分，這是她一生的職志，我們其他人則是她信任的朋友和伙伴；現在竟然有個白種人說要收回支持她的部分能量，不僅如此，我還是一個權力很大的白種人，是平息種族歧視工作中的領導人物。

想到這裡，我的心門砰地一聲打開了，她身為美國非裔人種的經驗，在我心中變眞實了。有些靈修團體習慣用「我們都是一體」的信念來淡化族群之間的差異。這個觀念並沒有錯，然而，那些被邊緣化的人（比如有色人種）活在許多白人無法想像的危險生活中，我需要對我朋友的擔憂眞正感同身受；她想到的是許多在街頭討生活的年輕黑人失去了寶貴的性命——「這些都是我的孩子。」種族歧視療癒工作必須長期進行，但往往有很多亂糟糟的事，我也需要體會我朋友無法依靠白人留在團體中支持這些工作的挫敗感。

幾天之後我們交談時，我已經可以靜下心來聽她訴說，全盤了解她對我們的衝突的感受。她自己也深切反思了，而且可以直視我的眼睛，表達她的關懷。我們在當天的衝突中傷害了彼此，但因爲願意投入並加深自己的注意力或覺知，我們的友誼變得更緊密了。

接下來幾個月，留意彼此的差異讓我對另一件事的覺知，提高到覺性線之上——我的白種人血統。回顧往事，我可以更清楚看到，朋友的質問激起了我深深的罪惡感，這是「身爲白種人，卻沒有做更多來消滅種族歧視」的長期潛意識罪惡感。

我對自己白種人血統的覺知，演變爲持續的覺醒過程，我更覺知到伴隨我的膚色而來的假定和優勢——我可以進入任何商店而不會被視爲犯罪的潛在嫌疑犯，我可以在任何社區買房子，我擁有更多機會得到能力上符合公司條件的工作，我也把得到的優質、禮貌對待的醫療資源視爲理所當然；甚至，更微妙的是，如果因爲我的需求而必須更改我們的團體會議行程，我可以直接提出要求，這些都是身爲白種人且手握權力的身分以往從未質疑過的優勢。

在我經歷這段白人覺醒的期間，我和丈夫喬納森去了一趟度假旅程。一天下午，我們決定從海邊游泳到一座稍遠的小島上。游出去令人感到開心，我的肢體划動自信而穩定，精力充沛且優雅；但游回來又是另一回事了，我很快就筋疲力盡，等到終於回到岸邊，我又渴又累又狼狽。我並未意識到海潮輕易將我帶到小島上，但卻阻礙著我回到原岸上。同樣的道理適用於白種人優勢文化的浪潮——這白種人海潮讓白種人的生活變得難以想像的容易，但卻對有色人種造成悽慘無比的困境。

沉思：此人的存在對我而言是否眞實？

截至目前爲止，我們探討了自己如何創造了「假他」。另一個需要意識到的重點是，尤其是壓力大的時候，我們甚至會把這個習慣用在最親近的人身上，無論是我們的兄弟、孩子、母親、朋友或同事。我們努力想要「把今天過完就好」，但他們卻把事情搞得更糟或更好或只想插一腳，或跟我們唱反調。我們心不在焉，心房緊閉。如果想以當下的覺知和慈悲心更穩當面對這些，我們就得將這個不把別人當眞人的慣性不覺帶到覺性線之上。起始點就是得更留意自己每日經歷的一切。

做幾次深呼吸，釋放體內較明顯的壓力，心覺知著當下。現在，回顧今天一整天或過去幾天，想起一個相處過的人，試著探究自己當時是不是夠敏銳，此人對你而言有多麼「眞實」？

你是否注意到：

- 對方當時是什麼心情？

- 對方的身體狀況如何？
- 與對方相處時，對方重視的點在哪裡？
- 對方最近是否在擔心什麼，或爲什麼感到焦慮？
- 對方和你相處時，是否放鬆、舒服、可以打開心房？
- 對方是否對你有敵意或覺得緊張？
- 互動的過程中，有什麼讓他們覺得難受或困難的？

不帶任何批判地進行觀察，注意力愈來愈加深時，留意看看你想到的這個對象，對你而言是否變得更多面、更有意思、更眞實，同時也留意自己心裡對此人的反應。結束練習之前，可以想起一個你將要見面的人，想像你見到了此人，問自己：「如果我是你，會有什麼感受呢？」或者，如果對方最近不太好過，就問：「哪裡痛呢？」

慈悲心會不會過大？

不過，現在你可能覺得難度愈來愈高了，「我已經非常敏感了，」有人這麼告訴我，「如果讓大家的痛苦都進來我心裡，我會受不了。」很多人問我「慈悲疲勞」的問題，看到或遭遇世間太多苦痛，心裡覺得疲累無助。

這是眞的，許多人會因此而感到心力交瘁，尤其是社運人士、療癒專業人士等。但眞正的肇事者應該是同理心，而不是慈悲心。同理心是對他人的情緒和觀點感同身受的能力，但這當中藏著陷阱：我們若是對他人的痛苦感到太過憂傷，可能不會具有適當的認知資源或情緒資源來幫助對方。

慈悲心肇始於同理心，但是，正念的關鍵元素能保護我們免於將他人的痛苦攬到自己身上，或對他人的痛苦產生認同。光靠同理心會耗竭心力，但是正念和慈悲心與生俱來的關愛則能養成心理彈性、心靈連結和行動力。

神經學家已經可以偵測到腦部處理這兩種狀態有著明顯的差異。同理心啓動的是連結著情緒、自覺和痛苦的區塊，而慈悲心卻刺激著關懷、滋養和學習、決策和腦部酬賞系統的區塊。慈悲心也刺激催產素的分泌，催產素是一種「親密關係激素」，人們做愛和母親哺乳時會分泌這種激素，這時我們會覺得溫馨且水乳交融——一種驅策著動力，讓我們更能有效幫助他人的正面感受。

透過 RAIN 培養慈悲心

米齊是我們禪修團體的一員，在他父親罹患阿茲海默症的退化過程中，讓他最難受的是母親的痛苦。「感覺就像是無數次死亡不斷發生。」母親這樣告訴他。兄弟姐妹之中，米齊住得最近，常常去看父母。隨著父親陷入迷惑的時間愈來愈多，米齊也開始對前往父母小公寓照顧他們的時光感到懼怕。有時媽媽的寂寞和絕望也會讓他覺得被淹沒，然後帶著大受打擊、心力交瘁和無助的感覺離開。但是其他時候，特別是覺得壓力過大或忙碌時，他卻常常覺得像是行屍走肉、冷漠且疏離。無論是哪一個狀態，他心裡都對自己不去陪伴父母的時間感到罪惡。

在一個整天的工作坊中，米齊試著把 RAIN 用在五味雜陳的感受上。當天先從小組分享活動開始，米齊談到失去自己所熟知的父親，又看到母親的悲痛，自己有多麼悲傷，也談到了自己的罪惡感——「我被扯進深不可測的黑洞中，而我根本不想待在那兒。」

學員開始各自練習 RAIN 時，米齊聚焦在認出和容許自己因同理心所感到的憂傷，比如對母親的感同身受，以及他對心力交瘁和退縮感的反應。他不疾不徐，覺知地默念出各種情緒的名稱：恐懼、悲傷、罪惡感、無助等，然後容許每一種情緒自然呈現。

正念也讓他得以加深觀察的力道，發現挫敗感的生理感受出現在身體的哪個部位，感受胸腔的緊縮和胃絞痛。觀察到這個劇烈的情緒之後，他開始給自己愛的滋養，輕聲說：「沒事的。呼吸，放鬆。」然後他想起了最近去看父母時，有一次特別令人難受：媽媽因爲爸爸穿著睡衣跑到屋外而對他大吼大叫，接著又崩潰流下痛悔自責的淚水。米齊因幫不上忙和厭惡去那裡而感到愧疚。

他再次送出信息給自己：「沒事的。呼吸，放鬆。」這樣重複做了幾次。他內在那股爪子抓取般的緊繃感鬆開了，打開了一些空間。接下來出現一個畫面，他抱著哭泣的媽媽。他溫柔擁著媽媽，一會兒之後，這個愛的空間也容納了爸爸。稍後他告訴我：「這幾個月來，對他們的情況我只感覺難受，現在我總算感受到對他們純粹的關心，這是第一次我眞心這麼感受……純粹的關心。」

你可能也體會過——對他人的痛苦過於擔憂、情緒崩潰或反應過大，以至於沒有空間留給純粹的關心。這時，RAIN 可以幫助我們回到心中那塊柔軟處。

RAIN 能轉化同理心為慈悲心

認出：將正念帶到同理他人的痛苦感受和反應上，比如恐懼、悲傷、罪惡感、羞愧、厭惡、憤怒、麻木或緊張。

容許：放鬆我們對這些感受的認同，給自己更多空間來觀照，而不是急著反應。

觀察：然後輕柔問自己一些問題，並且更直接接觸及因移情作用的同理心所產生的生理感受，如此，我們的溫柔和關愛之心會自然浮現。

愛的滋養：在我們感受、表達對自己和所有受苦眾生的關愛時，慈悲心就會完整體現。

RAIN 雨後：如此安歇在這個慈悲的當下時刻，我們會愈來愈熟悉自心那個自然的開闊、光燦和溫柔。

RAIN 雨後的心房打開的那份關愛轉化了米齊隔天去看父母的體驗。原本他一到那裡，馬上困頓在母親所陷入的煩惱中，不過經過那天的練習，他知道這經驗能幫助他自己，然而母親整天都得獨自面對難以忍受的情緒，而她需要的情緒支持又遠超過他的能力之外。母親也需要更多日常生活的協助來照顧他父親。因此，接下來的幾週，米齊卯足了勁爲母親找了阿茲海默症的支持團體，也幫忙找了兼職的護理服務。他的母親就和我們所有人一樣，需要感受到自己歸屬於某個能提供關愛的團體，幫她一起承擔她的悲傷和失去。米齊不再覺得那麼難受或罪惡，他回應雙親的方式也變得愈來愈簡單清晰——現在，他可以讓自己被雙親的痛苦觸動，但又能以關愛之心來回應。

利用呼吸作爲慈悲心的意象，我發現對我自己很有幫助。我們要這樣吸氣——以正念的心吸氣，連結上自己和他人的感受。如果沒有完整地實際接觸這些情緒，那麼，既沒有當下覺知，也不會有生起慈悲心的潛在機會。然後，我們要這樣吐氣——積極主動地表達、傳遞出我們的關愛，並在我們感受到愛或被愛時，更積極連結上這個逐漸打開的更廣大境界。只有心的廣大境界具有足夠的空間容納人類情緒的強大張力。

藏傳佛教的慈悲心修持「自他交換法」就體現了這個眞諦，自他交換法的藏文是 **Tonglen**

（讀音是通連），字面意義就是「送出和取受」（「通」是送出，「連」是取受）。吸氣的時候，我們覺知地接受痛苦；吐氣的時候，則是送出我們的關愛。就像RAIN一般，自他交換法能培養覺性的雙翼：覺知地接觸痛苦的實相，並且積極傳遞愛的滋養。

那隻鳥有我的翅膀……這是眞的

同情心往往化妝成慈悲心，就像賈維斯．馬斯特斯想到的「喔，可憐的鳥兒！」一樣。同情心把自他變成分開的角色，把自己置於他人之上。我們爲他人感到難受，想要幫忙，但是他們還是「他人」；但是眞正的慈悲心是對他人的經歷感同身受，了解這些都是人類共同的脆弱。所以我們急切想要幫忙的動力不再是因爲「做善事」，而比較像是療癒自己身上的傷口。澳洲昆士蘭的原住民有一句老話，開啓了慈悲心的章節：「你若是來幫助我的，那可就浪費時間了。但你若是因爲你的解脫和我的息息相關而來到這裡，那麼，我們就一起努力。」眞正的療癒成長於獨立的智慧。

有一位年輕人菲爾在祕魯的貧戶養老院當義工，一天，他陪著一位跌斷骨盆的老人在急診室等了好幾個小時，除了陪著他之外，束手無策，他對自己無法減輕老人的痛苦感到無力。突然，有人給了老人一塊麵包，老人馬上撕成兩半，分給菲爾。菲爾有點驚訝地婉拒了，但老人堅持把麵包推給他，催促他趕緊吃。於是菲爾照做了，老人看起來很開心分享了自己的一餐，這讓菲爾感到迷惑且慚愧。

這個經驗徹底翻轉了菲爾對慈悲心的體會。老人不再是不眞實的他人，不再是需要幫忙、消極而不幸的人，菲爾也不再是占有優勢的協助者，不只是努力在做善事而已，而是他們二人都在那個情境中，活生生地因爲關愛和歸屬其中而有了心靈的連結。

這就是爲何我們往往想像心靈修持之道是一條嚴格且困難的道路。是的，慈悲心的確需要訓練，正如下述禪修方法提到的，我們是有意識地把慈悲心培養爲長久不衰的特質，但由於慈悲心其實是我們自己不斷進化的潛質，因此愈是往這個方向前進，愈會覺得歸巢似的熟悉、熟稔。全然的慈悲心就從自己生命存在的根源中湧現，當我們以此泉源來生活，自然而然會以「那隻鳥有我的翅膀」的智慧來回應這個世界。

禪修：慈悲的 RAIN——如果我是你，會有什麼感受？

有些時候的確不是練習慈悲心的好時機。如果你正在經歷創傷性恐懼、持續的憂鬱症或嚴重的心理不平衡，這個練習可能會造成情緒潰堤，或者讓你覺得困頓不前；如果你仍然選擇做這個練習，任何時候如果覺得受不了、無法繼續，就尋求靈性導師、治療師的協助或你信任的引導方法，找到幫助自己繼續往療癒邁進的最佳方法。

以放鬆且能保持覺性的坐姿坐下來。釋放任何慣性的緊張壓力，讓身心安頓下來。用一點時間簡單檢視親近的家人或朋友，選定一位你知道正在經歷困難的人，發起意念喚醒對此人的慈悲心。

認出：審思對方目前面臨的困難時，注意察覺對方最明顯的狀態，想想他最常有的心情，或者長相、固定從事的活動或最近與人溝通交流的語調。

容許：讓你對此人的觀感如實呈現，比如對他的生活方式、感覺或表達他自己的方式的觀感，不要疊加任何批判。

觀察：現在，輕柔地、保持好奇和熱誠，更深入詢問有關對方的經驗。想像自己感受著對方的心，以對方的觀點來看待世界。你可以利用下列的問題來探索：「如果我是你，會有什麼感受？」

生活中的什麼情況最讓你苦惱？

你背負著什麼樣的恐懼、失望或傷害？

你對自己有什麼觀感？

這個生活狀況，以及恐懼、受傷、憤怒、羞赧的情緒，讓你的身心有什麼感受？

你內在哪裡覺得最脆弱？

這個最脆弱的地方，現在最想要或最需要從他人或你自己那裡得到什麼？

愛的滋養：將此人和他的脆弱放在你心裡，擴大你的覺性到全身，然後擴及周遭的聲音和空間。從這個容納一切的心性空間中，感受他的存在就是你的一部分，並給予他所需要的。是接納嗎？或是被擁抱？原諒？陪伴？諒解？你也可以給予他活力滿滿的關愛，以暖流或是視覺意象的形式，或是言語來給予。想像對方接收到你的關愛，也接納了，然後觀想他得到療癒，感到快樂、幸福。

（你也可以試試透過呼吸來進行這個禪修：觀察時吸氣，接受對方經驗的實況；給予愛的滋養時，吐出你所給予的空間、關愛或者任何他需要的。）

擴大圈圈：現在，擴大慈悲心的範圍，將所有經歷相同痛苦的眾生都容納進來。如果你心中想的那個對象正因自己痛失所愛而悲傷，那就讓你的心連結上所有痛失所愛的眾生，給予他們關愛。如果對方覺得自己很失敗，那就讓你的心連結上所有正因此受苦的人，給予他們關愛。好好感受自心是否樂意被痛苦碰觸（吸氣時）；而給予所有眾生關愛時（吐氣時），好好去感受當下此處那份愛之覺性的寬廣。

RAIN 雨後：放下對他人的所有想法，注意你內心的品質和當下覺性。有沒有坦誠開放的感受？疼痛感？愛？無論你找到什麼，放下並在那裡休息。

練習：街頭的慈悲

每當你對痛苦有所察覺時，就可以練習慈悲心。或許是上網看到難民家庭的故事；或許是在高速公路開車時看到車禍；或許在戒酒支持團體，聆聽某人描述他與酒精的爭鬥拉扯。

在這個當下，你可以依循下列這些簡易的步驟（改編自「自他交換法」）來練習：

- 暫時停頓下來，發起與慈悲連結的意念。
- 緩慢深長地吸氣，靜靜吸入對方的痛苦，容許自己想像和感受他們正在經歷的一切。
- 吐氣時，吐出你的關愛，希望他們痛苦平息，祈願他們被愛之覺性的廣大境界擁抱。
- 若是覺得自己在抗拒、躲避或害怕這些痛苦，就爲自己做這個呼吸法，然後，當你覺得可以了，就回到受苦的對方身上。

問與答

Q 我真希望自己慈悲心大一點，但事實是我自己問題都解決不了了，根本沒什麼心力去真正關心別人。

A 謝謝你的坦率，其實很多人都有相同的感受。我之所以經常把慈悲心的意象描繪成逐漸擴大的圈圈，其中一個原因就是這也提醒我們，對自我生命的慈悲心其實是這個圈圈的核心。如果我們自己在經歷困境，卻不去關愛自己的脆弱，那就難以透過完整和睿智的覺性來擁抱他人。

你的問題寫著，你眞希望自己慈悲心大一點，我記得達賴喇嘛尊者曾說，儘管他自己不一定總是能圓滿修持慈悲心，但是他很關切、在意慈悲心。換句話說，即使當我們的心房關閉時，重要的是我們內心關切、在意慈悲心。你其實可以相信，關切之心就是我們的本質。

發起意念，想要覺知地關懷自己經歷困難所感受到的痛苦，觀察和感受你覺得最難受的感覺，或許是恐懼，或許是受傷，又或許是自我批判，然後確定自己徹底感受這些感覺在體內造成的感受，這能喚醒眞正的自我慈悲。給予自己愛的滋養，然後試試看擴大這慈悲的圈圈——保持對內在脆弱的感受，想起其他或許正在遭受相同生命問題和類似感覺的人，把 RAIN 的當下覺知擴及這些人，想像並容許自己感受他們的痛苦，然後給予他們愛的滋養。感受我們同在一起，我們確實擁有彼此的翅膀！假以時日，你會發現這個擴大圈圈的練習能喚醒我們所有人眞摯溫柔的關愛之心。

Q 我試過街頭慈悲的練習，但發現我只會覺得生氣或害怕，然後就關閉心房了。怎麼辦呢？

A 此處再次強調，對外發慈悲心時若是有情緒反應，這就是一種警訊，顯示你首先應當把 RAIN 的慈悲朝內對待自己的經驗。有時候，不需要多久即可認出和容許自己的情緒反應——例如為了自己或他人被對待的方式感到生氣，或是當他人表現出侵犯行為時，讓你感到害怕等情緒反應。觀察有助於接觸到體內來自情緒反應的脆弱所造成的生理感受，然後，愛的滋養能達到緩解和撫慰。這應該就能提供你當下的覺知和空間，以感受他人的苦惱有多麼眞實，因而能給予對方你的祈禱和關愛。

但是，如果你需要更多時間自我慈悲，就對自己耐心一點。你可以信任的是，愈常仁慈對待自己的心，就會發現自己能愈快以自然的開放胸懷和關愛去回應身邊的人。

Q 我真的很想停止排他的觀感，但我怎麼對因為我是白人就仇視我的人感到慈悲呢？例如，把我當成仇敵的回教徒或黑人？感覺像是一支沒人逃得了的糟糕排他之舞。

A 我們都受到社會的制約，如果沒有把這點放在社會層次上來看，就可能錯過眞正的療癒。如果你覺得被仇視或責怪，第一步應該接納和仁慈對待自己內心所有的感受——可能是身為被攻擊的標靶而感到受傷或憤怒。開始這麼自我練習的同時，你也可以加入專為幫助白種人覺醒的親和團體（affinity group），認清下意識的偏見，為大家共同面對的狀況帶來坦誠和關愛的關注，這種團體協助是無價的。當大家一同以慈悲心擁抱「不眞實的他人」時，你所得到的洞見和啓示不是自我練習能比擬的。

一旦自覺擴大了，就是時候多用一點心思去接觸不同種族，了解他們的現實狀況，了解他們生活中必須承受的痛苦。

我曾看過一支影片，當時一名白人警察被黑人殺害，引起了抗爭黑人的種族暴力事件，一位年輕白人因這個新聞焦點被激怒，而與CNN非裔美籍的時事評論員凡恩·瓊斯（Van Jones）激辯，凡恩回應他：「如果那個黑人死於警車內，以及那名警察被槍殺的兩個事件，讓你我傷心哭泣的程度相同……如果我們都一樣的悲傷，如果我倆能抱頭痛哭……那麼，我們就能一起找到方法，讓我們的警察更好，讓我們的孩子更好……」起初的敵意衝突，最後以彼此的尊重和擁抱圓滿收場。

在談到「假他」的慈悲心訓練中，比較自然善巧的做法是先加入感覺安心且容易相處的團體，比如爲有色人種、白人、回教徒、特定性取向或性別認同者專設的親和團體，以便加深我們的理解和療癒力。不過，若想繼續進步，接下來就應該開始思考：「哪裡痛了？」然後把我們的關愛擴及更大的圈圈。無論是不同的或有衝突的種族、宗教和政治見解，都應該花時間彼此相處，喚醒對彼此痛苦感同身受的覺知。就像凡恩說的，我們必須為彼此哭泣，才能創造出更好的世界。

Q 我是白種人，對種族歧視深感憂傷，然而，我愈是看到自己身為白人的優勢，在黑人朋友面前就愈覺得扭捏不自然，然後愈有罪惡感。我清楚知道這種感覺毫無幫助，但我真的不知道該怎麼辦。

A 白種人優勢——因自己的膚色在當代社會中得到利益的方式，往往是隱而不見的，如果我們想要昇華到一個更公義慈悲的世界，那麼看清楚這些優勢是非常重要的。但是，白種人優勢之所以如此根深隱伏，因爲這是普遍性的社會制約，而不是個人的瑕疵。你無法選擇自己的膚色或社會，也無法選擇被餵養的偏見，這不能責怪個人，這不是你的錯；而正如你指出的，罪惡感和自我意識也無助於療癒，但是白種人開始面對有色人種持續經歷的痛苦，面對自己因爲對這點無意識而造成對方痛苦的延續時，可能會因白種人罪惡感而感到心慌。

我參加我的多元團體之一的頭八個月中，每次輪到我發言時，都覺得非常焦慮、尷尬且虛假。某次我主持會議結束，跟大家道別後，回到自己空蕩蕩的客廳，突然意識到自己感覺像個圈外人，一點都不覺得有歸屬感；RAIN 幫助我碰觸那個羞赧的原始感受，我內心有個部分覺得，好似身爲白種人對別人就是一種傷害，而我再怎麼做，也無法修正世代以來加諸有色人種的悲慘遭遇；無怪乎我覺得焦躁而疏離，因爲我覺得自己根本就是個壞人！曾經我也這樣面臨過白種人罪惡感，也參加過白種人親和團體，而現在再次以全然的覺知，我得以用愛去滋養內心將種族歧視的錯誤攬在身上的那股罪惡感。儘管這需要時間，但意識到這只是我被白人身分認同制約的一部分，並不是我的錯，的確讓我感到更自在，而得以在團體中貢獻更多，也感覺更眞實。這幫助我在反種族歧視的努力上成爲更好的盟友，也發展出更多珍惜一生的友誼。

雖然我們無法選擇自己的膚色或社會，但我們可以選擇自己想要如何回應種族歧視的痛苦。我們每個人其實多多少少都因爲種族歧視而受到不同程度的痛苦，無論是優勢群體或非優勢的人群，我們都遭受著痛苦的逼迫。如果不去注意這些，無論在心靈上或其他方面，我們都不會有自由。這裡我又想到維拉瑞．考爾的行動呼籲：我們必須和種族歧視的苦痛一起呼吸，感受它，讓慈悲擁抱它，然後勇敢奮進，積極投入，改變現況。呼吸，然後奮進！

11
以覺醒心生活

智慧告訴我，我什麼也不是；愛告訴我，我是一切；

二者之間，我的生命優游流動。

——室利・尼薩加達塔

約莫二十五年前，我和摯友兼同爲老師的伙伴路易莎・蒙特歐・迪雅斯（Luisa Montero-Diaz）參加了一行禪師的週末閉關課程。我們很開心「泰」（Thay，越南語「老師」之意）剛好在我們鄰近區域開課，也很開心從教學和教養孩子的忙碌生活中抽身出來，一同度過這三天的時光。不過我印象最深刻的記憶是閉關課程圓滿的那一刻。

泰請我們各自找一位伙伴，我和路易莎很快就湊成一對。他一開始先要我們向對方鞠躬，確認我們每一個人都看到對方的佛性，接著他又要我們擁抱彼此，擁抱時，要大大地深呼吸三次。第一次深呼吸的時候，我們應該要想：「我就要死了。」第二次深呼吸時，我們要想：「你就要死了。」第三次呼吸時，我們要想：「我們只剩這些珍貴時光可以相處。」

路易莎和我鬆開擁抱時，我們就這樣靜靜站了一會兒。我心中充滿了對她的溫柔，她是如此貼心、獨特且美好，而我也能感受到她的微笑和閃亮雙眸中放射出來的溫暖。我們保持著這樣打開心房的覺知，與彼此交談、向其他閉關學員道別、穿越松樹林走向我們的車、返家途中在車上開懷暢笑、分享故事或靜默不語。

我們最珍愛的一切，無論是愛、創造力、玩樂、美、智慧等，只能在當下此時經驗到，但我們卻在不知不覺中輕易讓日子匆忙溜過，遺忘了「我們手中只握有這些珍貴的時光。」

RAIN的力量就是提醒我們停下來，重新連結上智慧慈悲的覺知，讓我們能夠用心校準自己的生活。

我們一同經歷了這趟旅程，隨著旅程就要到達終點，我想分享平日引導我生活的四個提醒。你會發現，每一個提醒都能在你即將陷入反射式反應之際，賦活自然的關愛之心和智慧。這些非正式練習源自於RAIN，我們可以穿插地用在職場壓力中、與他人艱難的對話，以及任何你覺得需要支持自己忠於自己的情況中；這些提醒是我們心靈的提升進化所需要的滋養。

若能固定練習這四個訣竅，你就會發現，你最重視的心靈品質，比如開放的心胸和心的靜定愈來愈唾手可得、強壯且穩定。你愈是能把這些振奮自心的狀態轉化爲長期的習慣，未來的你的潛力就愈能在日常生活中開枝散葉，茂盛綻放。

四個提醒

一、停下來覺知當下
二、接納當下發生的一切
三、轉向愛
四、安歇在覺性中

停下來覺知當下

桂格瑞．波依歐神父（Gregory Boyle）是耶穌會神職人員，也是一位作家，最爲人所知的就是開導洛杉磯幫派分子，他說了這麼一個故事：某個週日早晨禮拜儀式之後，他坐在辦公室郵件傳送窗口旁邊，等著待會兒就要進行受洗儀式。這時卡門走了進來，她是幫派分子，有時也從事性工作，她一屁股坐到沙發上，話匣子就打開了：她需要幫助、她以前讀天主教學校、她住過不計其數的戒護中心、她是全國知名人物……。神父眼睛盯著時鐘看，她霸占著他的時間不放，再五分鐘要接受受洗的一家人就要到了。

突然間，卡門直視神父，雙眼迸出淚水，說她高中輟學之後就染上海洛因毒癮，但從那時就一直努力想戒掉。然後，她緩慢地、一個字一個字吐出這句話：「我……眞的是……恥辱。」桂格瑞神父在書中寫道：「倏然間，她的羞慚碰觸到我的……因爲，卡門一走進這道門，我就把她錯認爲是打擾。」

我們大部分人都熟悉急著要去哪裡或完成什麼的感覺，我們將當下發生的事視爲完成未來事件的障礙，只想快快穿越過去。他人變成了干擾，不僅如此，當我們把日子過得浮光掠影，就與自己的心靈和覺性失去了聯繫。

我在辦公室貼了一句座右銘：「想保持仁慈，得常常停下來，別老是全速前進。」有一個著名的社會科學研究「好撒瑪利亞人」（Good Samaritan）也點出了這個教導的困難處，問題在於：「是什麼影響了我們的意願，以至於不想幫助有需要的陌生人？」這個研究的其中一部分，研究者要求參與實驗的學員（他們顯然都很投入服務他人！）準備一份與《聖經》故事「好撒瑪利亞人」有關的短篇研究報告，然後活動中需要去另一棟大樓報告。有些學員被告知時間很充分，有些則被告知他們已經遲到了。學員被帶領前往會場途中會經過一個入口，實驗人員安排了臨時演員倒坐一旁，劇烈咳嗽，顯然非常難受。此處關鍵的發現就是：那些以為自己已經遲到的學員，比較不會停下來問當事人是否需要協助——即使他們匆忙之下要趕去參加的就是「好撒瑪利亞人」的報告。

尤其是出現劇烈的恐懼、羞慚和憤怒的情緒時，我們只會忙於解決旁枝末節，而不是靜下來感受自己赤裸裸而不悅的感覺。當我們陷於反射性的渾渾噩噩之中，就像拚命踩著腳踏車踏板離開了當下，壓力愈是巨大，兩腳踩得愈是急速。

無論你對自己的生命有什麼最深的懊悔——忽視孩子的需求、上癮式狂歡、造成什麼意外、留在受虐的關係中……這些都是因爲我們陷入了反射性的渾渾噩噩當中。這種無意識的狀態讓我們難以扭轉方向，無法以慈愛的心回應自己或他人。

RAIN 的練習中，要停頓在當下，就得先認出和容許現在正在發生的一切，然後停下像是忙著踩腳踏板的匆忙。我們要學會放下慣性的控制欲，放下所有試圖避開不悅、不適，且試圖抓取愉悅感的各種對策。我們在日常生活中隨時隨地練習「停頓下來」時，或許會有不舒服或害怕的感受，又或許覺得清醒或如釋重負，但無論是什麼感受，停頓一下能打開抵達當下的這扇大門，在生活中與自心成爲同一陣線的盟友。

提醒一：停下來覺知當下

現在，我們暫時先專注在一或二個不那麼劇烈的壓力和反應，以此進行停頓的練習。或許是看到一堆待回覆的電郵，或許擔心即將到來的工作最後期限、憂慮即將進入高壓吃力的會議，又或許對某個朋友、同事、家人感到厭煩。

停頓本身很簡單，就是停下手邊正在進行的一切活動，靜下來，用一點時間認出和容許當下正在經歷的情緒和念頭，然後深呼吸三到五次；每次吸氣和吐氣的長短相同——徹底吸氣，讓空性充滿你的胸腔和肺部，然後長長地、緩慢地把氣吐光。做完這個練習之後，觀察看看是否有任何變化，然後繼續你正在做的事。

慢慢在更多情境中增加練習這個刻意的停頓，包含那些引發更強烈情緒的情境，假以時日，你就能夠在更多不同的情境中停下來，讓自己更容易進入內在的清明，變得更有彈性，也更能碰觸到內心深處。

接納當下發生的一切

第六章說到一位聖者對前來尋求心靈療癒的求道者，提出了關鍵性的問題：「你最不願意經歷的感覺是什麼？」讓我們猛踩踏板急馳而遠離當下的，往往是因爲對痛苦或不熟悉的經驗感到恐懼。然而，如果能夠放心接納，就能夠讓內心最需要悲憫的感覺受到覺性的啓發；能夠放心接納，就打開了眞心信賴、自信和療癒之門。

我在一位摯友和敬愛的佛法老師雪莉．馬普爾斯（Cheri Maples）令人鼻酸的生死交關中，見證了這點，她對這一切打開心房接納，不僅啓發了我，也啓發了許許多多人。

雪莉騎自行車撞上高速移動的休旅車之後的頭幾週，因爲她的身體受到多處嚴重創傷，醫師們對於她是否能夠存活，抱持高度的懷疑。即使活下來，他們也很確定一生喜愛戶外活動和運動的她，再也不可能站起來走路了。領受佛法戒律之前，雪莉曾經是一名警員、社運人士，也是美國威斯康辛州司法部助理部長。但這位強壯獨立的女性，今後竟然都必須依賴他人才能活動，從躺臥、坐立、排尿、洗澡，一切都無法獨立自主了。

她在重度加護康復病房住了好幾個月，然而，我去看她的時候，卻看到她精神奕奕，一貫的溫暖、對一切保持興趣且開朗。這怎麼可能？她的生命急轉彎到如此境地，怎麼還如此開心？對於這點，雪莉告訴我：「我曾經面對了最糟糕的死亡；我可以這樣活下去。」

早兩年之前，雪莉和她交往九年的伴侶經歷了撕心裂肺的分手，雪莉旋即陷入了失控的憂鬱中。她停下了所有教學和社運活動，也不再從事戶外娛樂的消遣活動和正式禪修練習，她把自己孤立起來，只跟少數幾位朋友互動。我們聊天時，她告訴我，她心中的某個東西枯萎了：「我再也不可能讓世界走進我心裡了。」

然後，慢慢地，她的非正式禪修開始進入情況，能夠在日常生活中練習 RAIN 的正念和自我慈愛。她開始承認並接受最可怕的死亡：失去所愛的痛苦。不過我想說明的是，這還不是完整的接納，不是毫無抗拒感、全然打開心房的接納；而是在她可以做到的時候，盡可能碰觸一陣陣湧現的寂寞、驚恐、孤寂的感受，讓它們如實呈現在那裡，認出，容許，接納。逐漸地，那個「接納」愈來愈被慈悲心充滿。

好幾個月之後，隨著雪莉逐漸打開身心，接納失去所愛的事實和深切悲傷，憂鬱的觸手終於鬆開了。她心中浮現了接納生命的全新感受，也深深信賴自己能屈能伸的心理彈性。我和她以及另一位摯友一起教導了一個閉關課程，雪莉整個人充滿了創造力和享受生活的喜樂，她一直都這樣勇敢透明地面對自己所有的脆弱，她接納她的生命，以一顆愈來愈無畏的心過生活。

見證雪莉的療癒過程，讓我想到一個教導，這鮮活地捕捉到認出和容許的精髓：「與你的尖銳和柔軟相會。」有時，會見我們的尖銳指的是認出抗拒、煩躁或沮喪灰心的感覺，有時則是承認一段失敗的關係、危及生命的重病或摯愛之人的痛苦帶來的悲慟和挫敗感。接納、放下抗拒，並容許我們的經驗如實呈現，則能讓我們的心調柔下來。生命持續帶來一連串的大小挑戰，所以這其實是持續不斷的練習，然而，每一次會見自己的尖銳和柔軟，我們就愈有信心知道如何兵來將擋，水來土掩。

我們的閉關課程結束後一週，也就是雪莉回歸活躍的正常生活六個月後，就遇到了自行車車禍。現在她面對的是另一種死亡——失去對日常生活最基本能力的掌控。但這次情況截然不同了，她知道如何面對自己的尖銳和柔軟，她可以接受無常和失去，她可以和死亡同在。

「接納」表現了自心的智慧，只有當我們如實接納現實的一切，不再抗拒或抓取，我們的心和智慧才會完全賦活；只有接納當下這一刻，我們方能以全然慈悲的勇氣回應自己和他人的生命。

提醒二：接納當下發生的一切

儘管我們最終必須敞開心胸接納最深沉的恐懼和失去，但我們可以先由接納中度的不適和不悅感，從而培養出心理彈性和自信。你可以先試試接納自己的消化不良或頭痛，或是焦慮自己要遲到了、車子開到沒油，或因為錯過交情好的親友婚禮而感到失望。不過要記得，你的接納是針對自己內在的經驗，而不是針對他人的行為，你會見的是自己的尖銳——也就是情緒性反應或內在衝突，以及你自己的柔軟。

以下是幾個開始練習的方式：

- 心中默念「我接受」，也可以輕聲說出來；或者輪流說「我接受」和「沒事」「我同意」「它原本就屬於這裡」或其他能傳達接納的詞語或句子。
- 想像把「我接受」的訊息直接傳給內心的脆弱、難受、不適或痛苦。
- 用一個恭敬的手勢向內在經驗致敬，或者想像自己對它鞠躬。
- 用一個小小的微笑會見內在的經驗，真的翹起你的嘴角，然後試著去感覺自己眼中和心中的微笑。

結束之前，用一點時間觀察看看，你的身體和內心是否有任何變化。

轉向愛

雪莉和我們大部分人一樣，不善於請求或接受他人的幫助。她個性很急，習慣速戰速決。現在，在發生意外之後，她發現接納現況代表臣服在她的終極依賴之下。她必須接受，在他人眼中她就是意識困惑、處於劇烈疼痛、情緒壓力和無力感的狀態中；她必須接受，讓不熟的人照料她受到重創的身體；她也必須接受光是坐起身就得花上很長的時間，也必須接受無論想要或需要什麼，都必須請求他人的協助。

深入接納心理脆弱的原始感受，打開了超乎她以往想像的視野。我去拜訪雪莉那一天，她告訴我，一天晚上，有位護士助理來幫她洗澡，「以前沒見過她，來自瓜地馬拉一位身形瘦小的女子，很安靜，不會囉哩囉嗦講一大堆話；但是她幫我洗澡時，從按摩我的頭，用香皀沐浴我的脖子和背部，每個動作都傳達了愛的能量，她並非只是在幫我，而是在愛我，她眞是天使啊！用愛沐浴了我全身！」

這位助理只出現過一次，但其實雪莉沐浴在十方的愛之中——每一張祝福祈禱的卡片、每一份貼心的禮物、親密支持團體的各種護持和不間斷的照料滋養，以及每週來訪的療癒師圈子，都對她投注了愛的沐浴之水。

那天，坐在雪莉身邊，我看到她內心的接納不僅創造了感受愛的空間，也創造了歡喜、自在給予愛的空間。後來一位護士助理來病房檢查她的維生系統時，他們一同慶祝了綠灣包裝工美式足球隊大獲全勝（這是雪莉的家鄉隊）；一位較年長的護士出現時，雪莉輕聲問候她丈夫的情況，我看見那位女士更靠近雪莉一點，向她傾訴丈夫最近失業的細節。後來雪莉又告訴我，她幫朋友的新書構思行銷點子，以及她擔憂某個學生的兒子因上癮行為而受苦等。

這些坦誠直率的精神充盈了我們相處的時光，雪莉拿出她私藏的寶貝薑糖和我分享，我們看了最近一位訪客的照片，也就是她的寶貝狗熊熊，照片中，熊熊就躺在醫院病床上、在她的身邊；然後，我也坐到病床上熊熊那個位置，一位朋友幫我們照了相，這是為我們在華盛頓特區的共同朋友照的，我們開玩笑說要把我訓練成她的看護狗狗。

那一整天，我們兩個都很清楚，我們「就剩下這些珍貴時光了」。當我起身離開的那個傍晚，我們都知道，這應該就是最後一次面對面相處了——沒錯，的確是。然而，我們共有的心性空間，巨大到足以容納我們的悲傷，讓我們得以義無反顧地愛著彼此。

你可能已經注意到，人們陷入重病或面對自然災害或悲劇時，可能變得更容易打開心房去愛別人。然而，如果想要眞正培養愛之覺醒的人格特質，如果想要在生活中持續體現和表達愛，我們就必須每天多次練習「轉向愛」。我們必須留意能夠溫暖、軟化和打開自己心房的方式，但這並不是要我們去尋找某種強烈的感性經驗，僅僅只是「轉向愛」，就種下了種子。

每當我覺得難受時，單純只是憶起慈愛的信念，或是心裡默念「慈愛」這二字，就能開始讓我感到柔軟。有時我會對自己輕聲說一些關愛的話語，把手輕輕放在心口。我也常常想像自己感受到摯愛的人輕吻我眉間，當那份愛之覺性或愛的存在充滿我時，我就開始向外把愛傳遞給其他人。這些步驟可能只需要幾秒鐘的片刻時間，而且一整天之內就可以發生很多次。

我發現無論對我自己或他人來說，關鍵在於一份眞誠的心意；若是如此，就算身心都陷入瞋恨之中，還是會有一個開口，讓白心的溫柔和光芒得以燦爛直透。

提醒三：轉向愛

察覺自己感到孤單、沮喪、焦慮、陷入自我批判或責怪他人時，就發起一個心念讓自己轉向愛。容許自己試驗不同的方式，以便真正碰觸到那份愛。以下列出幾種可能的方式：

- 給自己傳送關懷的信息或祈禱（默念或輕聲說出來），例如：「祈願我快樂」「願我有安全感」「請關愛我」「親愛的，沒事」「對不起，我愛你」「祈願我從愛自己得到療癒」。
- 想像自己收到某個摯愛的對象或慈悲的靈性人物傳達的關愛信息。
- 把一隻手或兩手都放在心口，或是擁抱自己，摸摸自己的臉頰安慰自己，或是合掌祈禱。
- 想像自己被溫暖的光芒擁抱、圍繞；想像自己被所愛的人或慈悲的靈性人物擁抱；想像自己擁抱著自己的內在孩子。

- 想像並感受讓愛進駐內心是什麼感覺，觀想所愛的人的雙眼，他／她正感受著並傳送出對你的關愛，然後，感受你的身體允許那股關愛的暖意沖刷著全身，沐浴著你。
- 把你的關愛傳送給生命中親愛的人，以及陌生不熟識的人；你可以透過心中的信息或某個意象來這麼做。

你愈是經常刻意轉向愛，刻意表達愛，刻意讓愛進駐自心，就愈能在日常生活中自然生起不矯飾的關愛和慈悲。

安歇在覺性中

在RAIN的練習中，整合、療癒和自由解脫的關鍵時刻，往往立即出現在完整完成有意識的四個步驟之後，這就是為何我常強調所謂的「RAIN雨後」，也就是純然注意著、並安歇在當下的時刻。正是在這個什麼也不做的時刻，我們直接體驗到自心本性的敞開、覺醒和溫柔。這些時刻能揭顯意識本身沒有實質存在的光華四射，也就是我們原本面目的眞正體性。

然而，許多人卻跳過「什麼也不做，就安歇在覺性中」的步驟。我們平常都被制約在汲汲營營的忙碌之中，我們要跟時間賽跑，事情總是做不完！結果就是，無論在禪修或日常生活中，都難以找到清淨純粹的時刻。但是，如果在彌留之際回顧人生，你會發現，最重要的經驗比如跟自己最自在的相處、與他人的深刻連結、感覺活得盡興……都是從這種敞開心胸的當下覺性中生起。

若是困在情緒化的糾纏中，就難以察覺覺性這個背景，這時候，你的注意力自然執著在前景裡著魔似的念頭、恐懼和想望；透過 RAIN 的步驟，你將會從重新喚醒正念和慈悲之中得益；不過當你完成 RAIN 的練習，或是在日常生活中相對放鬆的時刻，感知的窗口會變得更開闊，於是更容易察覺到，在影像、聲音、感受不斷改變的流動背後，其實有著意識覺性的背景。

以下是我自己最喜愛的短版練習：現在，停止閱讀，閉上眼睛，接下來二十秒的時間，「試著不要保持覺性」，現在就這麼做！

成功了嗎？你應該發現很難把覺性排除在外吧，覺性一直都在，始終注意著當下正在發生什麼事，只是因爲我們往往聚焦在內心戲、情緒或外界對境，以至於沒有察覺覺性本身。

把注意力從聲音或感受轉移到察覺這些對境的覺性上，就這麼安歇在那無有實存的當下，容許全然的轉化發生在自己的存在體驗中。

想想黃金佛像的故事，大部分時間我們對自己的認同感就拴套在自己的外在覆蓋上——自我故事、個性、防禦心、渴望、恐懼、成就和失敗。這些覆蓋都是我們自己自然的一部分，但這些並不能反映出我們這個人的全部。安歇在覺性中，能讓我們重新連結上自己生命存在的廣大、美麗、神祕。覺性的無實存覺醒空間即是愛、智慧和創造力的泉源，它就像珍貴的黃金——我們生命的神聖精髓。

提醒四：安歇在覺性中

當你有時覺得安定且平靜覺知時，就刻意告訴自己安歇在覺性中；或許是你躺下來準備就寢，可以感受到自己心情逐漸放鬆時；或許是聆聽風聲或雨聲時；或許是看著雲朵成形或欣賞花兒神奇的構造時；或許是舒服地和某人靜處時；又或許是到達某個目的地，正要踏出車門外的時候；或者是你佇立窗前向外凝望時。

閉上眼睛，保持靜定，注意你所經歷的前景——念頭、感受、意象、聲音等，讓一切如實呈現。然後，注意你自己的覺知，也就是背景的無實存覺性。覺性是什麼？你能感受到靜默無聲嗎？可以感受到靜定嗎？可以感受到一切正在發生的廣大開放嗎？放鬆，安歇在這個覺性中，變成那個覺性。

通常在幾秒鐘之後，心就會重新執著在前景的某物上，或是想著接下來要做什麼。這很正常。但是，與其掙扎著要維持對覺性的覺知（這也是「作為」

而不是無為），我們就保持著正念，繼續一天的生活即可。

練習安歇在覺性中最有益的方式，就是短暫的練習，一天之中做很多次。

若能以一種好奇熱誠和自在的心態，善用這個提醒，你就會發現自己變得愈來愈被它吸引，然後愈來愈能在生命內在靜定的家中，覺得自在放鬆。

信賴純金之心

最近孫女米雅的出生，讓我見證了生命的祝福。她出生那一刻，我禁不住啜泣起來，在這個既平凡又驚奇不凡的奇蹟中，心房迸開如天空開闊。大家都安頓下來，米雅滿足地躺在她母親懷裡被照顧時，我問自己，想要給她什麼樣的祈禱祝福——我祈願她信賴自己的根本良善，祈願她了解和信賴自己與生俱來的覺性、智慧和愛。

誰知道米雅會長成什麼樣的個性呢？誰知道她人生中會遇到什麼樣的病痛、人際關係的挑戰、學習上的困難，在她的世界中會遇到什麼挑戰呢？如果她能記得自己和其他生命與生俱來的良善，她就會了解眞正的快樂。不僅如此，她的存在也會有助於世間其他心智的覺醒。

我對米雅的祈願，也是對我們大家的祈願。我們都會陷入自我懷疑、情緒化反應及導致分離與傷害的行爲方式中，這是人之常情。我們以個人的身分這麼做，也以群體的身分背離其他生命體，無論是人類或動物；然而，我們正處在逐漸發展的轉捩點上，我們可以選擇以一個物種的身分，毅然決然進化自己的心靈；我們可以培養正念和自我慈悲，可以學會穿透因「假他」而無感的表象，可以認出和迎請存在自他之中的純金之心。

只要持續練習就會更強，知道這一點是很有益處的。愈是勤加練習RAIN、在日常生活中憶起四個提醒，你就愈熟悉坦蕩開闊的覺性。假以時日，你會發現這個根本良善比起過往慣性人格的覆蓋，更像是眞實的你。

此外，要知道我們的覺醒也會有類似四季的變換，這個領會也很有幫助。記得佛陀證悟後，魔王仍持續不斷來訪嗎？佛陀就是以清明和慈愛的心來回應：「我看見你來了，魔王。來吧，一起喝杯茶。」就像這樣，每次透過正念和慈悲來面對困難，你的自信就更上一層樓，那個又老又狹隘的你的故事，不再能定義你這個人。就算是難受的情緒出現了，你也可以相信自己根本上沒什麼大礙。然後，與魔王喝茶變成了對人生做出優雅、幽默、睿智且仁慈的回應。

最後，要記得，即使生命看似寂寞，但我們在這條心靈道上其實一點也不孤單，我們無法、也不會獨自覺醒或獨自受苦，因為我們無可避免地深嵌於這張生命體的共同羅網之中，始終連結在一起，始終影響著彼此，始終需要彼此來反射自己的良善，提醒自己與生俱來的潛力。

結束之前，請你想像一個世界，這個世界中，我們人類看到、信賴且尊敬所有生命體的純金之心。想像我們幫助彼此活出最真實的自我，想像我們撫慰和陪伴彼此，想像我們一同慶祝和創造美的事物，想像我們喚醒彼此，共同關心這個地球和所有的生命。

當我們停下來，接納當下這一刻，當我們轉向愛，安歇在覺性中，就播下了全然慈悲的種子；這培養了引導我們活出慈悲、忠於覺醒之心的當下存在。

祈願我們持續一同創造我們所相信的世界，祈願充滿愛的覺性的祝福無止盡地擴展到十方一切處。

附錄一：縮寫名詞 RAIN 版本的演化

RAIN 原始版——蜜雪兒．麥當勞

認出 **R**ecognize

容許 **A**llow

觀察 **I**nvestigate

打破自我框架 **N**on-Identification

RAIN 當前版本

認出 **R**ecognize

容許　**A**llow
觀察　**I**nvestigate
愛的滋養　**N**urture
RAIN 雨後　After the Rain

我首次接觸到 **RAIN** 原始版本是在九〇年代末期，也用這個版本教學多年。我和大家一樣，都很感激有機會學到簡單易記的正念工具，引導我解套自己的情緒。

在這段期間，因應自己生命中的關鍵發現，我改編了 **RAIN**，這個發現就是：對自己沒有慈愛之心，就不可能有療癒的發生。在我學生們的經驗中，這點也是顯而易見的：「我知道我應該觀察這個羞恥感，但是我厭惡它……我也討厭自己有這種感覺。」我發現了自我慈悲的必要性，所以鼓勵學生們「用慈愛的心來進行觀察」，用眞實的興趣、關心和友善的心態來對待自己的內在生命。

我的學生也覺得很難運用 **N**（打破自我框架）這個步驟，他們常問：「怎麼進行『打破自我框架』這個步驟？」我得一再向他們解釋這其實不是一個步驟，而是說，前面三個步驟認出、容許和觀察眞正到位時，就自然喚醒了超越自我局限感的全然完滿。「打破自我框架」並不是刻意去「做」什麼，而是自然而然出現的狀態。

需要蓄意生起慈悲的必要性，以及對「打破自我框架」的困惑，驅使我在二〇一四年對這個練習做了一些調整。

目前版本的 **RAIN**，最後步驟是愛的滋養，招請的是全然綻放的慈悲，這能創造正念和心靈需求之間雙翼遨遊的平衡。

「打破自我框架」一般在 **RAIN** 的完整練習之後，最能完滿領會，就好比春雨之後，大地鮮花盛開，透過 **RAIN** 四個步驟的喚醒，你就這樣安歇在這自然、明燦且開闊的當下覺性，不再對過去的心情比如恐懼或憤怒產生認同，你發現了這個廣闊無垠、覺醒清晰且充滿愛的覺性——永恆的家。

RAIN 的潛力和可能性，隨著人們探索不同的用法而有了更進一步的發展，有些人用在衝突解決、臨床以及人際互動禪修上，比如「**RAIN** 伙伴」（RAIN Partners，見附錄二）。**RAIN** 能喚醒最具價值的人類潛能——智慧與慈悲，所以我眞心祈願更多人加入，將這些練習活用在我們的世界中。

附錄二：RAIN 伙伴——互動式禪修

從參加我的週末課程工作坊學員的反饋中，我得到了「RAIN 伙伴」的靈感。多年來，我在 RAIN 工作坊的引導方式是把學員分爲四組，請他們在課程一開始先分享他們要探索的內容，課程最後再對大家報告他們遭遇的挑戰、洞見和豁然開朗的領悟。

許多人都覺得從這個方式受益良多，我自己特別驚訝的是已熟悉 RAIN 學員的分享報告。他們覺得伙伴的在場支持加深了內在的探索，一同探索療癒的過程也冶煉了眞實的人際連結。

他們的經驗促使我創造了可以自行與伙伴練習的 RAIN 版本，這個練習可以融入自己的禪修練習和日常生活中。此處我將分享 RAIN 伙伴的一些要點，如果想要更進一步探索，完整的守則和引導禪修可在我的網站上找到：www.tarabrach.com/blog-rain-partners-protocol。

什麼是 RAIN 伙伴？

儘管 RAIN 可以在小團體中練習，但是就方便而言，大部分人選擇和一位伙伴一同練習。

你可以選擇朋友、家人、同事或陌生人來當你的 RAIN 伙伴。

RAIN 伙伴彼此同意固定一同練習 RAIN 禪修，可以是每週一次、隔週一次、每月一次或你們方便的時間。一座禪修大約三十五到四十五分鐘，可以見面練習，或透過電話、網路等。長期作為禪修伙伴能加深信賴感、安全感和相互的支持。

RAIN 伙伴需要什麼必要條件嗎？

在成為 RAIN 伙伴一起練習之前，你和伙伴都應該已經在做常態性正念練習，也已經有 RAIN 的一些經驗了。練習之前，每位伙伴都應該謹慎閱讀引導守則。

RAIN 的練習內容是什麼？

兩個練習伙伴都先想一個讓自己陷入難受情緒的情況，可能是親密關係、職場、健康問題或上癮行為引發的情緒，或是社會事件引發的情緒。練習開始之前，每個人心裡要預先想好一個會激起反射性反應模式的特定事件或情況。建議不要選擇可能引發嚴重創傷反應或讓人激動的情況，這可能會超出同伴互動能以健康的方式處理的程度。

守則中你會看到，在認出和容許的步驟中，你和伙伴都要說出自己正專注經歷的難受經驗，而觀察和愛的滋養則是默默無聲進行。接著，你們回到最後的分享上，這能幫助你們承認眞正難受的部分，並能弄清楚你們最想記得的感想或豁然開朗的領悟。

這個守則也包含了重要的引導方針（比如保密約定），能爲你們的 RAIN 練習創造安全且充滿養分的空間。

有什麼益處？

此處分享長期練習「RAIN 伙伴」學員們的感想：

- 有了伙伴讓我比較負責任，因爲約好時間練習 RAIN，我就得出現。
- 這讓我能夠全神貫注地投入練習過程。獨自練習的時候，我有時開始練習沒多久就分神，或者停止練習。但是有了伙伴，我就得專心跟著流程走完這些步驟，我眞的很感恩。
- 我們暱稱這個練習爲「RAIN 之舞」，因爲一同練習的力量大多了，不僅如此，它的美也在於讓我們的連結更深，彼此的同在把彼此最好的一面帶了出來。

- 當我們彼此分享問題的時候，這些問題感覺不那麼難爲情，不那麼針對個人，也不再那麼巨大無法承受。這讓我對自己內心的一切更容易生起好奇心，想要弄明白，讓我更容易對自己仁慈一點。
- 一起探索我們所學習到的，似乎更深化了這個練習，也更容易把體悟銘記在心，一整個星期都記得，而且每一次練習都獲益良多。
- 我的伙伴讓我更有安全感去探索自己不想面對的問題。
- 這個練習能增強信心，我不用花錢去看治療師或參加治療團體，卻可以跟伙伴一起經歷這趟旅程，練習深度療癒！
- 和伙伴一起做這個練習是深度的心靈修持，練習結束之後，那個小我消失了，只剩下「我們」的共同感，只剩下打開心扉的覺性。
- 一起和伙伴做 RAIN 練習時，我總是很驚訝「我的問題」那種感覺就這麼轉移開來，那些本來讓我覺得自己糟糕透頂的沉重困難，後來轉變爲雖然不悅卻被容納在關愛之心的廣闊空間之中。

我們始終都和自己的心靈生命、也和彼此有著親密關係，當我們一起訓練同在當下時，隨著與 RAIN 伙伴的練習，我們一同創造了全然慈悲的空間。這說明了一個眞相：我們彼此的連結性，以及從自我和一切眾生直透閃耀而出的與生俱來的良善。

RAIN 伙伴的練習守則和引導禪修方法，請前往：www.tarabrach.com/blog-rain-partners-protocol/。

致謝

促使《全然慈悲這樣的我》誕生的一連串靈感、接踵而來的合作和支持，就像是神的恩典一樣。

我很幸運有好朋友東尼・波爾邦克（Toni Burbank）作爲編輯，陪伴我寫完三本書。東尼敏銳的觀點和睿智有愛的陪伴，協助了整個寫作案的成形。

深深感謝我的經紀人安・愛德斯敦（Anne Edelstein），另一位親愛的朋友，從我一開始寫書到現在一路陪伴身邊，總是充滿巨大的熱誠和敏銳的理解力，謝謝她開朗溫暖的心的支持。

感恩我的首位維京出版社（Viking Press）編輯卡洛爾・德桑蒂（Carole DeSanti），因爲她看到這本旨在擴大慈悲圈的書具有長遠意義和價值；也感恩我的第二位維京編輯羅拉・帝斯多（Laura Tisdel），她的活力、遠見和完美的編輯才華讓本書得以問世。

感謝我的試閱者，包含我的老友和教學伙伴傑克・康菲爾德（Jack Kornfield），以及摯愛的姊妹達珊・布萊克（Darshan Brach）。他們的反饋讓本書更清晰、有深度、面向更廣。這裡也要對情同姊妹的摯友露絲・金（Ruth King）大大一鞠躬，謝謝她智慧而無價的「種族正念」（mindfulness of race）良師益友般的指導。

謝謝我的助理珍妮・梅瑞克（Janet Merrick）、芭芭拉・那維爾（Barbara Newell）、克里斯緹・夏爾雪（Christy Sharshel）、李歐・濟勒門（Léo Guillemin）；謝謝閉關課程經理兼老師拉・薩爾閩透（La Sarmiento）；這些親愛的朋友貢獻了慷慨又充滿愛的支持，全心全意把自己的創造力和無窮無盡的才華投注在弘揚佛法上。

我很幸運擁有來自不同領域的教學朋友和學生，全心投入喚醒自心與服務他人，他們走在心靈之道上的勇氣、坦誠和真摯，持續不斷啓發著我。此處也要把我的愛和感謝獻給我的本地僧團華盛頓特區勝觀禪修社區（IMCW，Insight Meditation Community of Washington D.C.）和共融公平多元事務委員會（Inclusivity, Equity, and Diversity Committee），感謝我的白人覺醒訓練團（White Awake training group），以及我的多元僧團、全球僧團教師訓練營的參與者和導師，感謝永遠支持著我們的「真實的聲音」音樂公司（Sounds True）的朋友和伙伴……謝謝你們，很開心我們可以一起完成這趟激勵人心的旅程。

一份特別的感謝要獻給願意循著我們的引導，成爲 RAIN 伙伴的你們，以及願意分享你的

RAIN 故事的朋友們，你們是讓本書充滿活力的巨大貢獻者。

我也要謝謝丹・席格和瑞克・韓森的出色貢獻；謝謝凡恩・瓊斯透過他的行動主義和新聞評論對話，喚醒全然的慈悲，給我帶來莫大的啓發；謝謝克瑞斯坦・那夫（Kristen Neff）和克里斯・吉爾莫（Chris Germer）開創了自我慈悲正念的觀念，將這個觀念介紹給世界；謝謝佛法老師蜜雪兒・麥當勞的智慧，打造了 RAIN 的原始練習版本。

把愛的憶念獻給我的摯友和教學伙伴雪莉・馬普爾斯，她的勇氣和啓發感動了無數人。雪莉……親愛的，我眞的好想念妳。

感謝我過去和現在的老師們，提醒我最珍惜的是什麼，我對他們的感激之情無以復加。

心中滿滿的感謝要獻給我的家人：納拉楊、妮可、米雅、貝絲、麥迪、達珊、彼特和萊恩，以及艾力克司；還有我親愛的同居人強納森——我摯愛的丈夫，以及被寵上天的可愛小狗狗 kd，你們以各種充滿樂趣和滋養且體貼的方式，帶給我活生生的、美妙的愛的恩典，謝謝你們。

橡樹林文化 ❖❖ 衆生系列 ❖❖ 書目

JP0165	海奧華預言：第九級星球的九日旅程．奇幻不思議的真實見聞	米歇．戴斯馬克特◎著	400 元
JP0166	希塔療癒：世界最強的能量療法	維安娜．斯蒂博◎著	620 元
JP0167	亞尼克　味蕾的幸福：從切片蛋糕到生乳捲的二十年品牌之路	吳宗恩◎著	380 元
JP0168	老鷹的羽毛——一個文化人類學者的靈性之旅	許麗玲◎著	380 元
JP0169	光之手 2：光之顯現——個人療癒之旅．來自人體能量場的核心訊息	芭芭拉．安．布藍能◎著	1200 元
JP0170	渴望的力量：成功者的致富金鑰．《思考致富》特別金賺祕訣	拿破崙．希爾◎著	350 元
JP0171	救命新 C 望：維生素 C 是最好的藥，預防、治療與逆轉健康危機的秘密大公開！	丁陳漢蓀、阮建如◎著	450 元
JP0172	瑜伽中的能量精微體：結合古老智慧與人體解剖、深度探索全身的奧秘潛能，喚醒靈性純粹光芒！	提亞斯．里托◎著	560 元
JP0173	咫尺到淨土：狂智喇嘛督修．林巴尋訪秘境的真實故事	湯瑪士．K．修爾◎著	540 元
JP0174	請問財富．無極瑤池金母親傳財富心法：為你解開貧窮困頓、喚醒靈魂的富足意識！	宇色 Osel ◎著	480 元
JP0175	歡迎光臨解憂咖啡店：大人系口味．三分鐘就讓您感到幸福的真實故事	西澤泰生◎著	320 元
JP0176	內壇見聞：天官武財神扶鸞濟世實錄	林安樂◎著	400 元
JP0177	進階希塔療癒：加速連結萬有，徹底改變你的生命！	維安娜．斯蒂博◎著	620 元
JP0178	濟公禪緣：值得追尋的人生價值	靜觀◎著	300 元
JP0179	業力神諭占卜卡——遇見你自己．透過占星指引未來！	蒙特．法柏（MONTE FARBER）◎著	990 元
JP0180	光之手 3：核心光療癒——我的個人旅程．創造渴望生活的高階療癒觀	芭芭拉．安．布藍能◎著	799 元
JP0181	105 歲針灸大師治癒百病的祕密	金南洙◎著	450 元
JP0182	透過花精療癒生命：巴哈花精的情緒鍊金術	柳婷◎著	400 元
JP0183	巴哈花精情緒指引卡：花仙子帶來的 38 封信——個別指引與練習	柳婷◎著	799 元
JP0184X	醫經心悟記——中醫是這樣看病的	曾培傑、陳創濤◎著	480 元
JP0185	樹木教我的人生課：遇到困難時，我總是在不知不覺間，向樹木尋找答案……	禹鐘榮◎著	450 元

JP0186	療癒人與動物的直傳靈氣	朱瑞欣◎著	400 元
JP0187	愛的光源療癒—— 修復轉世傷痛的水晶缽冥想法	內山美樹子 （MIKIKO UCHIYAMA）◎著	450 元
JP0188	我們都是星族人 0	王謹菱◎著	350 元
JP0189	希塔療癒——信念挖掘： 重新連接潛意識　療癒你最深層的內在	維安娜．斯蒂博◎著	450 元
JP0190	水晶寶石　光能療癒卡 （64 張水晶寶石卡＋指導手冊＋卡牌收藏袋）	AKASH 阿喀許 Rita Tseng 曾桂鈺 ◎著	1500 元
JP0191	狗狗想要說什麼——超可愛！ 汪星人肢體語言超圖解	程麗蓮（Lili Chin）◎著	400 元
JP0192	瀕死的慰藉——結合醫療與宗教的臨終照護	玉置妙憂◎著	380 元
JP0193	我們都是星族人 1	王謹菱◎著	450 元
JP0194	出走，朝聖的最初	阿光（游湧志）◎著	450 元
JP0195	我們都是星族人 2	王謹菱◎著	420 元
JP0196	與海豚共舞的溫柔生產之旅——從剣橋博士 到孕產師，找回真實的自己，喚醒母體的力量	盧郁汶◎著	380 元
JP0197	沒有媽媽的女兒——不曾消失的母愛	荷波．艾德蔓◎著	580 元
JP0198	神奇的芬活——西方世界第一座靈性生態村	施如君◎著	400 元
JP0199	女神歲月無痕——永遠對生命熱情、 保持感性與性感，並以靈性來增長智慧	克里斯蒂安．諾斯拉普醫生◎著	630 元
JP0200	願來世當你的媽媽	禪明法師◎著	450 元
JP0201	畫出你的生命之花：自我療癒的能量藝術	柳婷◎著	450 元
JP0202	我覺得人生不適合我：歡迎光臨苦悶諮商車， 「瘋狂」精神科醫師派送幸福中！	林宰暎◎著	400 元
JP0203	一名尋道者的開悟之旅	嗡斯瓦米◎著	500 元
JP0204	就為了好吃？：一位餐廳老闆的真心告白， 揭開飲食業變成化工業的真相	林朗秋◎著	380 元
JP0205	因為夢，我還活著： 讓夢境告訴你身體到底出了什麼問題！	賴瑞．伯克 凱瑟琳．奧基夫．卡納沃斯 ◎著	600 元
JP0206	我是對的，為什麼我不快樂？： 終結煩煩惱惱的幸福密碼	江宏志◎著	380 元
JP0207	龍神卡——開啓幸福與豐盛的大門 （38 張開運神諭卡＋指導手冊＋卡牌收藏袋）	大杉日香理◎著	899 元
JP0208	希塔療癒—— 你與造物主：加深你與造物能量的連結	維安娜．斯蒂博◎著	400 元
JP0209	禪修救了我的命： 身患惡疾、卻透過禪修痊癒的故事	帕雅仁波切 蘇菲亞．史崔－芮薇 ◎著	500 元
JP0210	《心經》的療癒藝術：色與空的極致視覺體驗	葆拉．荒井◎著	1000 元

眾生系列　JP0212

全然慈悲這樣的我：透過「認出」「容許」「觀察」「愛的滋養」四步驟練習，脫離自我否定的各種內心戲

Radical Compassion: Learning to Love Yourself and Your World with the Practice of RAIN

作　　者／塔拉・布萊克（Tara Brach）
譯　　者／江涵芠
責任編輯／陳怡安
業　　務／顏宏紋

總 編 輯／張嘉芳
出　　版／橡樹林文化
城邦文化事業股份有限公司
104 台北市民生東路二段 141 號 5 樓
電話：(02)2500-7696 ext2738　傳真：(02)2500-1951
發　　行／英屬蓋曼群島商家庭傳媒股份有限公司城邦分公司
104 台北市中山區民生東路二段 141 號 5 樓
客服服務專線：(02)25007718；25001991
24 小時傳真專線：(02)25001990；25001991
服務時間：週一至週五上午 09:30 ～ 12:00；下午 13:30 ～ 17:00
劃撥帳號：19863813　戶名：書虫股份有限公司
讀者服務信箱：service@readingclub.com.tw
香港發行所／城邦（香港）出版集團有限公司
香港灣仔駱克道 193 號東超商業中心 1 樓
電話：(852)25086231　傳真：(852)25789337
Email：hkcite@biznetvigator.com
馬新發行所／城邦（馬新）出版集團【Cité (M) Sdn.Bhd. (458372 U)】
41, Jalan Radin Anum, Bandar Baru Sri Petaling,
57000 Kuala Lumpur, Malaysia.
電話：(603)90563833　傳真：(603)90576622
Email:services@cite.my

內文排版／歐陽碧智
封面設計／周家瑤
印　　刷／漾格科技股份有限公司

初版一刷／ 2023 年 5 月
ISBN ／ 978-626-7219-33-1
定價／ 550 元

城邦讀書花園
www.cite.com.tw

國家圖書館出版品預行編目（CIP）資料

全然慈悲這樣的我：透過「認出」「容許」「觀察」「愛的滋養」四步驟練習，脫離自我否定的各種內心戲 / 塔拉．布萊克（Tara Brach）著；江涵芠譯 . -- 初版 . -- 臺北市：橡樹林文化，城邦文化事業股份有限公司出版：英屬蓋曼群島商家庭傳媒股份有限公司城邦分公司發行，2023.05
面 ； 公分 . --（眾生；JP0212）
譯自：Radical compassion : learning to love yourself and your world with the practice of RAIN
ISBN 978-626-7219-33-1（平裝）

1.CST：靈修　2.CST：自我實現　3.CST：自我肯定

192.4　　112005637

廣　告　回　函
北區郵政管理局登記證
北 台 字 第 10158 號
郵資已付　免貼郵票

104 台北市中山區民生東路二段 141 號 5 樓

城邦文化事業股分有限公司
橡樹林出版事業部　收

請沿虛線剪下對折裝訂寄回，謝謝！

|橡|樹|林|

書名：全然慈悲這樣的我：透過「認出」「容許」「觀察」「愛的滋養」四步驟練習，脫離自我否定的各種內心戲　書號：JP0212

橡樹林文化
讀者回函卡

感謝您對橡樹林出版社之支持，請將您的建議提供給我們參考與改進；請別忘了給我們一些鼓勵，我們會更加努力，出版好書與您結緣。

姓名：＿＿＿＿＿＿＿＿ □女 □男 生日：西元＿＿＿＿＿年

Email：＿＿＿＿＿＿＿＿＿＿＿＿＿＿＿＿

● 您從何處知道此書？

□書店 □書訊 □書評 □報紙 □廣播 □網路 □廣告 DM □親友介紹

□橡樹林電子報 □其他＿＿＿＿＿＿

● 您以何種方式購買本書？

□誠品書店 □誠品網路書店 □金石堂書店 □金石堂網路書店

□博客來網路書店 □其他＿＿＿＿＿＿

● 您希望我們未來出版哪一種主題的書？（可複選）

□佛法生活應用 □教理 □實修法門介紹 □大師開示 □大師傳記

□佛教圖解百科 □其他＿＿＿＿＿＿

● 您對本書的建議：

＿＿＿＿＿＿＿＿＿＿＿＿＿＿＿＿＿＿＿＿

＿＿＿＿＿＿＿＿＿＿＿＿＿＿＿＿＿＿＿＿

＿＿＿＿＿＿＿＿＿＿＿＿＿＿＿＿＿＿＿＿

＿＿＿＿＿＿＿＿＿＿＿＿＿＿＿＿＿＿＿＿

＿＿＿＿＿＿＿＿＿＿＿＿＿＿＿＿＿＿＿＿

我已經完全瞭解左述內容，並同意本人資料依上述範圍內使用。

＿＿＿＿＿＿＿＿＿＿（簽名）

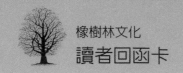